Jerzy

Zdzisław S. Hippe

Teresa Mroczek

Eksploracja danych medycznych

Metody sztucznej inteligencji w projektowaniu syntez leków

RZESZÓW – SZCZECIN 2015

Publikacja została dofinansowana ze środków MNiSW na utrzymanie potencjału badawczego Wydziału Informatyki Stosowanej Wyższej Szkoły Informatyki i Zarządzania z siedzibą w Rzeszowie

Tytuł monografii naukowej:
Eksploracja danych medycznych
Metody sztucznej inteligencji w projektowaniu syntez leków

Redakcja:
Jerzy W. Grzymała-Busse
Zdzisław S. Hippe
Teresa Mroczek

Recenzent naukowy:
Prof. dr hab. Andrzej Parczewski

Komitet Naukowy:
Prof. UG dr hab. Sylwia Pangsy-Kania
Prof. dr hab. Włodzimierz Szpringer
Prof. zw. dr hab. Jerzy Kisielnicki
Prof. UW dr hab. Grzegorz Karasiewicz
Prof. UZ dr hab. Arkadiusz Świadek

Projekt okładki:
Tomek Przewrocki

Korekta językowa, skład oraz druk:
Jacek Storm

Wydawcy:
Wyższa Szkoła Informatyki i Zarządzania z siedzibą w Rzeszowie
ul. Sucharskiego 2, 35-225 Rzeszów
www.wsiz.rzeszow.pl, www.ksiegarnia.wsiz.pl
email:wsiz@wsiz.rzeszow.pl

Naukowe Wydawnictwo IVG
ul. Tarpanowa 38/3, 70-796 Szczecin
www.wydawnictwoivg.pl
e-mail: biuro@wydawnictwoivg.pl

ISBN książka 978-83-64286-33-9 **ISBN** ebook 978-83-64286-34-6

SPIS TREŚCI

PODZIĘKOWANIA

Z prawdziwą przyjemnością chcemy podziękować wielu osobom za życzliwą pomoc w wydaniu monografii w aktualnym kształcie. Wyrazy wdzięczności kierujemy do: prof. nadzw. dra hab. inż. **Tadeusza Pomianka**, Rektora Wyższej Szkoły Informatyki i Zarządzania w Rzeszowie, dra **Wergiliusza Gołąbka**, Prorektora ds. Rozwoju i Współpracy Wyższej Szkoły Informatyki i Zarządzania w Rzeszowie, prof. **Marcina Kozaka**, Pełnomocnika Prorektora Wyższej Szkoły Informatyki i Zarządzania w Rzeszowie w zakresie jakości badań, **Urszuli Bielańskiej**, a także dra inż. **Grzegorza Fica**, dr inż. **Grażyny Nowak** i mgr. inż. **Michała Mazura**, pracowników Politechniki Rzeszowskiej.

Na koniec chcielibyśmy podziękować recenzentowi, Panu prof. dr. hab. **Andrzejowi Parczewskiemu** z Uniwersytetu Jagiellońskiego, za cenne uwagi, które przyczyniły się do nadania naszej monografii ostatecznej postaci.

Jerzy W. Grzymała-Busse (JGB)

Zdzisław S. Hippe (ZSH)

Teresa Mroczek (TM)

Lawrence (KS, USA)/Rzeszów, lipiec 2015

PRZEDMOWA

Oddając tę monografię w ręce P.T. Czytelników, chcielibyśmy omówić różnice w stosunku do pierwowzoru pt. *Artificial Intelligence in Chemistry: Structure Elucidation and Syntheses Design*, opracowanego po części w Rzeszowie, oraz później, podczas pobytu jednego z nas (**ZSH**) w Department of Computer Science and Engineering, Auburn University, Auburn (Alabama, USA).

Treść książki uzupełniono nowymi danymi na temat **modelu macierzowego chemii konstytucyjnej**[1] (ang. *matrix model of constitutional chemistry*), jednego z największych osiągnięć współczesnej nauki. Dodano także przykłady zastosowania wspomnianego modelu w projektowaniu syntez związków chemicznych o złożonej budowie strukturalnej. W literaturze naukowej model macierzowy jest często oznaczany skrótem **D-U**, który powstał ze złożenia pierwszych liter nazwisk jego dwóch twórców (prof. James **D**ugundji, University of Southern California, LA, USA, *opracował podstawy matematyczne modelu*, oraz prof. Ivar **U**gi, Technische Universität München, *opracował główne koncepcje modelu*).

Przykłady zastosowań modelu macierzowego zostały sprawdzone przy pomocy systemu informatycznego **CSB**, ilustrującego w niniejszej monografii metodykę symulowania reakcji chemicznych[2]. Pierwsza wersja tego systemu została opracowana w grupie naukowej, złożonej z następujących osób: prof. Zdzisław Hippe, dr inż. Grzegorz Fic, dr inż. Grażyna Nowak oraz mgr inż. Michał Mazur [Hippe, Fic oraz Mazur, 1992]. Nową wersję systemu [Hippe, 2014] wyposażono w algorytmy **uczenia maszynowego** (ang. *machine learning*), co nadało modelowi macierzowemu chemii konstytucyjnej nowy, niekonwencjonalny wymiar.

---

[1] Pomysłodawca modelu macierzowego, prof. **Ivar Ugi** z Technische Universität München (**TUM**), za opracowanie koncepcji modelu był nominowany do nagrody Nobla. Chronologiczny wykaz publikacji prof. Ugi podano w **Załączniku B**

[2] Zwięzły opis systemu **CSB** podano w **Załączniku A**

Istotną zmianę treści monografii w porównaniu do wspomnianego pierwowzoru, wprowadził prof. Jerzy W. Grzymała-Busse (**JGB**) z Kansas University, Lawrence (Kansas, USA), konsultując zastosowanie algorytmów uczenia maszynowego w modelu **D-U**; ponadto zweryfikował zgodność językową (angielsko/polską) podstawowych pojęć z zakresu **sztucznej inteligencji** (ang. *artificial intelligence*, **AI**) oraz **planowania syntez chemicznych** (ang. *syntheses planning*).

W monografii zamieszczono ponadto *Ćwiczenia literaturowe* do nauki objaśniania wyników projektowania syntez chemicznych, uzyskanych za pomocą różnych technik sztucznej inteligencji oraz uczenia maszynowego. Osiągnięte wyniki nie zawsze odzwierciadlają istniejące realia chemiczne: należy je uznać za *prognozy*, wymagające przemyśleń, studiów literaturowych oraz weryfikacji laboratoryjnej. Całkowicie nowy, oryginalny kształt ćwiczeń został nadany przez dr. inż. Teresę Mroczek (**TM**). Wspomniane ćwiczenia literaturowe polegają w praktyce na zapoznaniu się z zamieszczonymi planami syntez oraz ich ocenie, wykorzystując udostępniony w sieci Internet (w postaci pdf na stronie oznaczonej symbolem *Free Science Books*) podręcznik:

Stuart Warren, **Paul Wyatt**:
Organic Synthesis: The Disconnection Approach, Wiley, 2nd Edition,
© 2009, ISBN: 976-0-470-71236-8.

Podtytuł monografii *Metody sztucznej inteligencji w projektowaniu syntez leków*, wskazuje na niewątpliwie najbardziej frapujący, a jednocześnie ważny oraz obiecujący obszar zastosowań tej dziedziny informatyki. Doświadczenia tu zdobyte można stosunkowo łatwo uogólnić i wykorzystać w innych obszarach wiedzy, na przykład w automatyzacji badań, w pracach nad podejmowaniem decyzji w przypadkach niepewności, czy ujawnianiu zależności ukrytych (pozornie) w bardzo dużych zbiorach danych.

CZĘŚĆ I
Wprowadzenie do zagadnień planowania syntez

ROZDZIAŁ 1

Wprowadzenie

W programach operacyjnych Unii Europejskiej (**UE**) związanych z rozwojem baz danych oraz narzędzi informatycznych dla nauki i techniki, szczególną rolę odgrywa **komputerowe planowanie syntez** (ang. *computer assisted syntheses design,* **CASD**) związków chemicznych, o zadanych *a priori* właściwościach oraz działaniu. Cechy te (***właściwości*** oraz ***działanie***) mogą być wymagane w odniesieniu do dowolnego rodzaju substancji, niezbędnych w różnych obszarach nauki, techniki oraz gospodarki. Na przykład, mogą to być substancje ulepszające paliwa oraz smary dla motoryzacji, barwniki, inhibitory korozji, substancje pochłaniające promieniowanie nadfioletowe, czy związki o określonym smaku lub zapachu. Szczególne jednak znaczenie ma projektowanie syntez związków chemicznych, które *potencjalnie* mogą być dobrymi chemoterapeutykami. Ten nurt badań jest inspirowany stałym zapotrzebowaniem na nowe leki, spełnianym przez zaangażowanie ogromnego potencjału intelektualnego oraz kapitałowego międzynarodowych korporacji (naukowych i przemysłowych), w **rozwiązywanie problemów** (ang. *problem solving*) odkrywania nowych leków oraz w projektowanie ich syntezy. Potencjał ten musi nadążyć z realizacją ogromnych wyzwań, wynikających z: • coraz większej na świecie liczby osób w podeszłym wieku (oczekujących na specyficzne leki), • odkrywania nieznanych schorzeń (potrzebne są zatem nowe leki), a także z • konieczności zwalczania nowych wirusów czy bakterii-mutantów – odpornych na działanie aktualnie dostępnych środków leczniczych. Fakty te poddały nam myśl opisania w niniejszej monografii wybranych zagadnień dotyczących projektowania syntez chemicznych, wspomaganego metodami sztucznej inteligencji. Oczywiście, w domyśle chodzi tu o syntezę związków organicznych (patrz komentarz w ramce na następnej stronie).

Zacznijmy od stwierdzenia, że w nauce i technice nieustannie napotykamy na konieczność rozwiązywania różnych problemów, począwszy od spraw bardzo prostych lub dobrze zdefiniowanych, aż do skomplikowanych przedsięwzięć organizacyjno-technicznych. Narzuca się zatem pytanie, jakiej kategorii problemy wymagają zastosowania specjalnych metod, na przykład metod sztucznej inteligencji? Niewątpliwie z rozważań trzeba wykluczyć sprawy, których rozstrzygnięcie można przewidzieć lub osiągnąć za pomocą ściśle określonych, przejrzystych algorytmów. Do tej klasy zagadnień należy większość problemów inżynierskich oraz ekonometrycznych, które z natury rzeczy można przedstawić za pomocą zależności matematycznych, lub deterministycznych modeli zjawiskowych.

Początkowo uważano, że związki organiczne występują tylko w organizmach żywych. Jednak wraz z rozwojem chemii okazało się, że można sztucznie otrzymać prawie wszystkie związki tego typu, wychodząc z nieorganicznych substratów. Związki organiczne najczęściej zawierają następujące pierwiastki (przypominamy tu tylko symbole): wodór ($\mathbf{H}$), tlen ($\mathbf{O}$), azot ($\mathbf{N}$) (zwane razem z węglem ($\mathbf{C}$) pierwiastkami organicznymi). Do innych, często występujących w związkach organicznych pierwiastków, można zaliczyć: siarkę ($\mathbf{S}$), fosfor ($\mathbf{P}$) oraz fluorowce: fluor ($\mathbf{F}$), chlor ($\mathbf{Cl}$), brom ($\mathbf{Br}$), jod ($\mathbf{I}$). Wg najnowszej nomenklatury chemicznej, omawiane związki nazywa się karbogenami.

Jeśli dysponujemy niezbędnymi danymi, to tego typu zadania mogą być z łatwością rozwiązane, zaś uzyskane wyniki są jednoznaczne i pewne. Istnieje jednak odrębna kategoria zagadnień, których nie można rozstrzygnąć w sposób ścisły lub optymalny, gdyż uzyskane rozwiązania nie mają takiego charakteru: mogą być na przykład uznane za zadawalające, przy czym nurtuje nas przekonanie (często uzasadnione), że przypuszczalnie istnieją rozwiązania lepsze. Sytuacja taka może być spowodowana niewiarygodnością danych, brakiem możliwości opisu rozpatrywanego zagadnienia za pomocą ścisłego algorytmu (lub modelu matematycznego), niedeterministycznym charakterem badanego zjawiska/problemu, lub brakiem kryteriów ścisłej oceny uzyskanych rozwiązań.

Dobrą ilustracją tego typu kwestii jest wybór alternatyw podczas projektowania syntezy związku chemicznego o złożonej strukturze. Nie mamy tu absolutnego (tzn. jednego) rozwiązania, gdyż – teoretycznie biorąc – każdy związek organiczny można otrzymać według ogromnej liczby **dróg syntez** (ang. *synthetic paths*, także *synthetic pathways*). Poszczególne drogi syntez mogą zawierać różną liczbę jednostopniowych przemian chemicznych (etapów), ich kolejność może być odmienna, mogą opierać się na różnych reakcjach o nieporównywalnej skali trudności realizacji laboratoryjnej oraz wydajności. Wybór najlepszej alternatywy (optymalnej drogi syntezy) jest bardzo trudny często także z tego względu, że wiele parametrów oceny reakcji ma wyłącznie jakościowy charakter. Zawodne są również próby oceny dróg syntez oparte na ściśle zdefiniowanych parametrach (np. liczba etapów, przewidywana lub faktyczna wydajność każdego z nich, czas trwania całego procesu, jego koszty, itp.), zwłaszcza, gdy dany związek można otrzymać różnymi drogami syntez o takiej samej, lub podobnej, jakości (stosując określone kryteria oceny). Którą drogę syntezy należy wybrać?

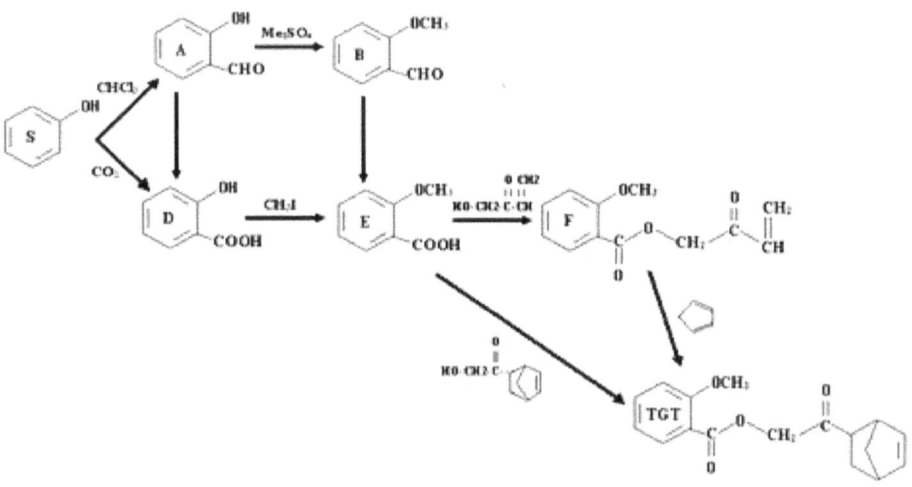

Rys. 1-1. Podzbiór alternatyw syntezy związku TGT zawiera następujące ścieżki:
S-A-B-E-TGT; S-A-B-E-F-TGT; S-A-D-E-TGT; S-A-D-E-F-TGT; S-D-E-F-TGT; S-D-E-TGT

Wszystkie drogi syntezy danej cząsteczki, bez względu na to, czy ich ocena jest zbliżona czy bardzo zróżnicowana – tworzą zbiór alternatyw syntezy rozpatrywanego związku.

Przykładowy zbiór alternatyw syntezy związku chemicznego **TGT** (skrót ten jest objaśniony w następnym rozdziale), obejmuje sześć dróg (**Rys. 1-1**), gdy substratem jest ściśle określona substancja (tutaj **S**). Drogi syntez substancji **TGT** zostały zaprojektowane przy pomocy systemu informatycznego **SCANCHEM** [Hippe, Fic oraz Mazur, 1992], zaś ich realność sprawdzono wspomnianym w *Przedmowie* systemem **CSB** (różnice pomiędzy systemem informatycznym a programem podano w ramce na następnej stronie). Przedstawione drogi syntez związku **TGT** są podzbiorem licznego zbioru, obejmującego wszystkie domyślne substraty ($S_1, S_2, S_3, S_4, \ldots S_N$) oraz reakcje chemiczne ($R_1, R_2, R_3, R_4, R_5, \ldots R_M$).

Zgodnie z przyjętymi powszechnie poglądami, **system informatyczny** (jako software) jest obszernym (o bardzo dużej liczbie czynnych instrukcji) programem komputerowym, cechującym się wysokim stopniem skomplikowania i złożoną logiką, podporządkowanym rozwiązaniu pewnego nadrzędnego problemu, wymagającego wcześniejszego rozwiązania wielu, złożonych również, podproblemów. W przeciwieństwie do tego, **program komputerowy** może rozwiązywać na ogół jeden, dosyć wąski problem. Dlatego możemy mówić o systemie do projektowania syntez organicznych, ponieważ komputerowe zaplanowanie reakcji chemicznej wymaga rozwiązania wielu trudnych podproblemów, takich jak: kanonizacja (w sensie matematycznym) reprezentacji wzoru strukturalnego, percepcja podstruktur, rozpoznanie reaktywności wiązań, wybór strategii transformacji cząsteczki w podcele, sprawdzenie wiarygodności wygenerowanych retroreakcji, utworzenie graficznej reprezentacji cząsteczek biorących udział w przemianach chemicznych, itp. Natomiast mówimy o **programach kwantowo chemicznych**, gdyż dotyczą one rozwiązywania zazwyczaj bardzo wąskich zagadnień, w dodatku reprezentowanych przez najprostszy w informatyce model, tj. model obliczeniowy.

Na marginesie tych rozważań należy wspomnieć, że generowanie wyczerpujących zbiorów alternatyw syntez związków organicznych jest jednym z bardzo trudnych, a jednocześnie fascynujących obszarów zastosowań metod sztucznej inteligencji. Generowane *komputerowo* drogi syntez, szczególnie dla cząsteczek o złożonej budowie strukturalnej, tworzą obszerny i na ogół kompletny zbiór metod otrzymywania danego związku. W przypadku *manualnego* tworzenia tego zbioru – opracowanego nawet przez najbardziej doświadczonego chemika – zazwyczaj otrzymuje się *ograniczoną* liczbę prognozowanych syntez. Nieporównywalny jest także czas potrzebny do realizacji tego zadania przez komputer oraz przez człowieka. Pamiętajmy jednak o właściwej interpretacji wyników uzyskanych metodami sztucznej inteligencji: wygenerowane drogi syntez *nie zawsze* odzwierciadlają istniejące realia chemiczne. Należy je uznać za *prognozy*, które wymagają przemyśleń, studiów literaturowych oraz weryfikacji laboratoryjnej.

ROZDZIAŁ 2

Tradycyjne metody projektowania syntez chemicznych

Planując syntezę dowolnego związku, chemicy stosują – najczęściej intuicyjnie – różnorodne metody o bardzo dużej rozpiętości finezji, zależnej od osobistych uzdolnień intelektualnych, posiadanej wiedzy chemicznej, a także od złożoności struktury syntezowanej substancji. Próby usystematyzowania doświadczeń w tym zakresie wskazują, że można tu wyodrębnić dwie podstawowe metody, różniące się zasadniczo ogólnością oraz wyrafinowaniem logiczno-analitycznym. Pierwsza to z nich to **metoda bezpośrednich skojarzeń** (ang. *direct-associative approach*), natomiast drugą jest **metoda logicznie-ukierunkowana** (ang. *logic-centered approach*).

Metoda bezpośrednich skojarzeń wykorzystuje umiejętność rozpoznania w syntezowanej cząsteczce fragmentów struktury, ważnych z punktu widzenia planowanej syntezy. Fragmenty strukturalne wspomnianego typu, w literaturze chemicznej zwane są **podstrukturami** (ang. *substructures*) (definicja tego pojęcia, z uwagi na konieczność zachowania spójności toku narracji, jest omówiona w następnym rozdziale). Podstruktury mogą zostać „poskładane" w odpowiedni sposób (i w odpowiedniej kolejności), by za pomocą *znanych* reakcji uzyskać docelowy produkt. Znamienną cechą tego podejścia jest fakt, że eksploatowane są *tylko* te reakcje, które są dobrze znane chemikowi. Jest to jedno z podstawowych ograniczeń tej metody, oprócz niewątpliwie jeszcze innych, dotyczących na przykład umiejętności tworzenia sensownych skojarzeń myślowych z zakresu syntez chemicznych. Trudno ocenić, jaką liczbą odrębnych reakcji posługuje się w praktyce wytrawny, doświadczony chemik-syntetyk; wiemy, że jest to zaledwie znikoma część dostępnego w literaturze materiału faktograficznego (patrz komentarz w ramce na następnej stronie). Wynika to przypuszczalnie z dwu powodów. Po pierwsze, zazwyczaj chemicy posługują się dość ograniczonym arsenałem swoich *ulubionych* reakcji, i po drugie – liczba pamiętanych faktów (a zatem również liczba pamiętanych reakcji chemicznych) ulega na ogół z wiekiem chemika stopniowemu zmniejszaniu.

Działanie metody bezpośrednich skojarzeń ilustruje synteza substancji **III** (**Rys. 2-1**), którą można otrzymać z cyklopentadienu (**I**) w reakcji Dielsa-Aldera z ketonem metylowo-winylowym (**II**). Każdy chemik-syntetyk wykryje tę drogę syntezy związku (**III**), używając minimum planowania i analizy logicznej. Sposób utworzenia określonych elementów strukturalnych występujących w cząsteczce (**III**) (sześcioczłonowy pierścień z jednym podwójnym wiązaniem oraz charakterystyczny mostek), jest tak znany i oczywisty, iż prosty proces skojarzenia myślowego nasuwa natychmiast poprawne rozwiązanie.

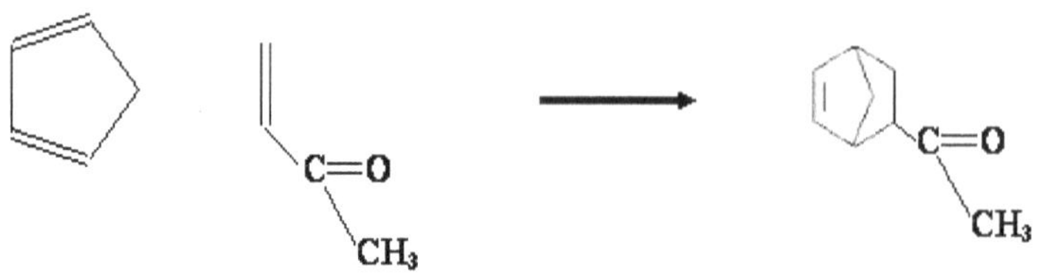

      I   II   III

Rys. 2-1. Zastosowania metody bezpośrednich skojarzeń w syntezie organicznej (objaśnienie w tekście)

W celu uświadomienia sobie naszych ograniczeń w zakresie liczby pamiętanych reakcji chemicznych, zauważmy, że podczas realizacji projektu **SPRESI** (opracowanie bazy informacyjnej o reakcjach organicznych, przez b. NRD oraz b. ZSRR, kontynuowane aktualnie przez Niemcy i Federację Rosyjską), rejestruje się rocznie około **100 000** reakcji!

Przy okazji zwróćmy uwagę na niezwykłe trudności związane z przetwarzaniem danych chemicznych, któremu współczesne metody **AI** nie zawsze potrafią sprostać. Wynika to m. in. z liczby badanych obiektów (związków chemicznych). Aktualne dane mówią o liczbie ponad **13** milionów związków o dobrze opisanej budowie strukturalnej (nie wliczono tu związków metaloorganicznych, a także substancji biomolekularnych, polimerów oraz mieszanin). Dodatkowo, sytuację komplikuje zjawisko izomerii strukturalnej. Na przykład, związek o wzorze sumarycznym $C_6H_{13}NO_2$ ma ponad **10 000** izomerów, zaś związek $C_{25}H_{52}$ – ponad **32** miliony izomerów!

Oczywiście ta metoda planowania syntez jest ograniczona do relatywnie prostych problemów syntezy organicznej.

Natomiast w *metodzie logicznie-ukierunkowanej* przyjęto zupełnie odmienny sposób projektowania syntez chemicznych, ograniczony zasobami wiedzy oraz czasem realizacji samego procesu planowania[3]. Syntezowany **związek docelowy** (ang. *target molecule*), oznaczany w literaturze skrótem **TGT**[4], poddaje się analizie logicznej, której zadaniem jest uzyskanie prognozy, *z jakich związków* można go otrzymać w jednoetapowych reakcjach chemicznych. Reakcje tego rodzaju nazywane są przemianami (reakcjami) strategicznymi. Związki chemiczne, z których w jednoetapowych, znanych reakcjach, można otrzymać substancję docelową (**TGT**), tworzą zbiór tzw. **podcelów** (**prekursorów**) (ang. *subgoals, precursors*) pierwszej generacji. Powtórzenie tej procedury dla każdego podcelu pierwszej generacji, prowadzi do utworzenia podcelów drugiej generacji, itd. Powstaje w ten sposób – w myślowym procesie skojarzeń chemicznych – struktura o drzewiastym charakterze, nazwana **drzewem syntez** (**Rys. 2-2**). W drzewie syntez poszczególne gałęzie reprezentują reakcje chemiczne, węzły zaś – określone podcele (struktury). Proces rozwijania drzewa syntez trwa do utworzenia podcelu, którego synteza jest znana chemikowi, lub gdy podcel jest powszechnie dostępny jako typowy substrat syntez organicznych. Zatem węzłami terminalnymi drzewa syntez mogą być związki znane, lub związki dostępne na rynku: w obydwu przypadkach nie trzeba projektować ich syntezy.

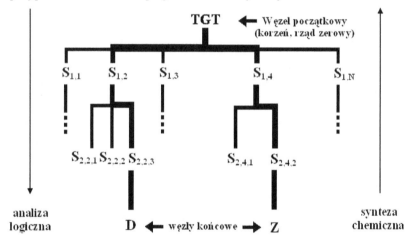

Rys. 2-2. Drzewo syntez cząsteczki TGT rozwinięte wstecz. $S_{1,1}$, $S_{1,2}$, ... $S_{1,N}$ są podcelami pierwszej generacji, $S_{2,N}$ – podcelami drugiej generacji, itd. W węzłach końcowych (drzewa), D reprezentuje cząsteczkę dostępnego substratu (konwencjonalny reagent stosowany w syntezie organicznej), natomiast Z jest cząsteczką (także kończącą gałąź syntezy), której otrzymanie jest znane użytkownikowi. Cząsteczki D oraz Z nie wymagają zatem przetwarzania. Drogi syntez stanowią prognozy metod otrzymania docelowej substancji, i są odwróceniem ścieżek analizy logicznej cząsteczki TGT oraz odpowiednich podcelów (tutaj D → $S_{2,2,3}$ → $S_{1,2}$ → TGT, oraz Z → $S_{2,4,2}$ → $S_{1,4}$ → TGT). Drogi te są jednocześnie planami syntez związku TGT

---

[3] W przypadku komputerowej realizacji tego podejścia, czas planowania syntezy jako czynnik ograniczający, odgrywa drugoplanową rolę

[4] Skrót ten powstał z kombinacji trzech liter w słowie **TARGET**

Utworzenie drzewa syntez polega zatem na **retrosyntetycznym** (ang. *retrosynthetic*), przeciwnym do zwykłego przebiegu reakcji chemicznej: substrat → produkt, utworzeniu zbioru związków chemicznych, które w jednoetapowej, znanej reakcji mogą zostać przekształcone w związek docelowy. Utworzone drogi syntez (odwrócone drogi analizy logicznej) są jednocześnie planami, wymagającymi analizy w celu dokonania wyboru planów o najbardziej korzystnej charakterystyce (np. najmniejsza liczba etapów, etapy o największej wydajności, minimalizacja liczby trudnych lub/oraz niebezpiecznych etapów syntezy).

W praktyce, chemicy projektują syntezy organiczne nie stosując przypuszczalnie żadnej z wspomnianych metod w czystej postaci, lecz raczej hybrydę obydwu sposobów. Najpierw jest więc generowane (intelektualnie, bowiem nie jest to opis realizacji komputerowej) częściowe drzewo syntez. Utworzenie dowolnego podcelu o dostatecznie prostej strukturze, kojarzącej się chemikowi ze znanymi faktami z syntezy organicznej, wyzwala wykorzystanie metody bezpośrednich skojarzeń.

Pomysł zastosowania retrosyntezy do rozwijania *kompletnego* drzewa syntez dla cząsteczek organicznych o bardzo złożonej budowie strukturalnej, wymaga niejednokrotnie zastosowania **algorytmu brutalnej siły** (ang. *brute force algorithm*) [Rutkowski, 2005]. W przypadku manualnego projektowania syntez, nie jest to możliwe (ani celowe!). Jednakże, sytuacja ta nasuwa oczywistą i nęcącą myśl zastosowania *wspomagania komputerowego* do generowania drzewa syntez. Naturalnym oczekiwaniem w takim przypadku, jest oczywiście uzyskanie drzewa zawierającego wszystkie możliwe drogi syntezy docelowej substancji **TGT**. Okazuje się jednak, że musimy zaakceptować (nawet stosując bardzo szybkie komputery) drzewo, nie zawierające wszystkich planów syntezy: przypuszczalnie istnieją lepsze drzewa syntez danej substancji docelowej. Pośrednio chodzi tu o rozmiary **przestrzeni rozwiązań** (ang. *solution space*), która jest tak duża, że na proces komputerowego rozwijania drzewa syntez trzeba nałożyć zastosowanie specjalnych technik sztucznej inteligencji oraz metod heurystycznych, które mogą rozsądnie ograniczyć czas tworzenia drzewa.

Koncepcję retrosyntetycznego tworzenia drzewa syntez, jako próbę formalizacji procesu myślowego zachodzącego podczas projektowania metod otrzymywania związków o złożonej budowie strukturalnej, sformułował Elias J. Corey z Harvard University (Cambridge, USA). Za opracowanie tej koncepcji oraz praktyczną jej realizację – w syntezach wielu ważnych dla człowieka związków chemicznych – Elias J. Corey uhonorowany został nagrodą Nobla [WWW-1, 2014].

Komentując sprawę generowania drzewa syntez, należy wspomnieć o potrzebie równoległego wyszukiwania informacji o właściwościach substancji chemicznych, znanych metodach syntezy związków pokazanych w drzewie oraz zastrzeżeniach patentowych [Bunin, Siesel, Morales i inni, 2007]. Informacje te są potrzebne do oceny utworzonego drzewa, i są obecnie zbierane w satelitarnym projekcie trzech ośrodków informacji naukowej i technicznej, a mianowicie:

American Chemical Society, New York [WWW-2, 2014],
Fach Informations Zentrum, Karlsruhe [WWW-3, 2014], oraz
Japan Science and Technology Agency, Tokio [WWW-4, 2014].

Proces {gromadzenie ⇔ wykorzystywanie} danych o reakcjach chemicznych był nie tylko podstawą tworzenia drzewa syntez, lecz również podstawą działania ówczesnego systemu **LHASA** (**L**ogic and **H**euristics **A**pplied to **S**ynthetic **A**nalysis), używanego do projektowania syntez karbogenów (wg tradycyjnej nomenklatury chemicznej, związków organicznych). Aktualne trendy w omawianej dziedzinie, dotyczące współczesnych koncepcji upowszechniania informacji chemicznych, a także podobnego typu systemów informatycznych, opisano w [WWW-5, 2014].

Warto zwrócić uwagę na fakt, że korzystając z wspomnianego systemu informatycznego **LHASA**, zaprojektowano syntezy wielu niezwykle ważnych związków czynnych biologicznie, np. różnych pochodnych prostaglandyn, a także syntezę kwasu giberelinowego [WWW-6, 2014]. Znaczenie odkrycia ponad dwudziestoetapowej drogi syntezy tego kwasu – będącego hormonem wzrostu roślin – łatwo można sobie uświadomić, pamiętając o głodującej Azji.

Jeszcze jeden komentarz należy tu dopisać: pomysł tworzenia drzewa syntez, jako pewnej formy reprezentacji danych – Corey-chemik, wprowadził wcześniej, niż dokonali tego informatycy [Knuth, 1997]. W swoich pracach Corey zwrócił również uwagę na fakt, że w procesie poszukiwania rozwiązań (tj. odkryciu drogi syntezy związku chemicznego o zadanej strukturze), bardziej korzystnym jest kierunek trawersowania drzewa od korzenia do węzłów terminalnych, niż przeciwnie.

Zajmijmy się teraz charakterystyką przestrzeni rozwiązań w komputerowym planowania syntez chemicznych.

ROZDZIAŁ 3

Przestrzeń rozwiązań w projektowaniu syntez chemicznych

Wspólną cechą wszystkich narzędzi informatycznych rozwiązujących „inteligentnie" jakikolwiek problem jest to, że muszą poszukiwać rozwiązań, ponieważ rozstrzygnięcie rozpatrywanego zagadnienia zazwyczaj nie jest bezpośrednio osiągalne. Wszystkie możliwe rozwiązania danego problemu (najlepsze, właściwe, dopuszczalne, zadawalające, niezadawalające, błędne) tworzą **przestrzeń rozwiązań** (*ang. solution space*). Systemy informatyczne poszukując rozwiązań, sprawdzają jedynie część tej przestrzeni, nazywaną **przestrzenią przeszukiwaną** (ang. *search space*) (**Rys. 3-1**). Obecnie dysponujemy wieloma różnymi metodami poszukiwania rozwiązań, aż do momentu znalezienia rozwiązania (lub zbioru rozwiązań). Ten sposób **wyczerpującego przeszukiwania** (ang. *exhaustive search*) przestrzeni rozwiązań (jakby „do skutku") jest strategią, która polega na wyszukaniu (i sprawdzaniu) wszystkich możliwych rozwiązań. Konieczność ciągłego sprawdzania uzyskanych rozwiązań, wynika z akceptacji w sztucznej inteligencji paradygmatu **generuj-i-sprawdzaj** (ang. *generate-and-test*) [Russel oraz Norwig, 2003].

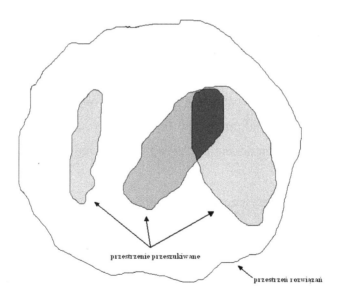

przestrzenie przeszukiwane

przestrzeń rozwiązań

Rys. 3-1. Przestrzeń rozwiązań i przestrzenie przeszukiwane. Rozmiar przestrzeni przeszukiwanej zależy od przyjętej metody poszukiwania rozwiązań. Różne techniki poszukiwania rozwiązań tworzą różne przestrzenie przeszukiwane: mogą być one rozłączne (obszary różnych rozwiązań) lub spójne (obszary wspólnych rozwiązań)

Odnosząc się do przestrzeni rozwiązań w projektowaniu syntez chemicznych, należy ocenić – przynajmniej w przybliżeniu – jej rozmiar. Rozważając to zagadnienie, wygodniej będzie posłużyć się pojęciem **przestrzeni stanów** (ang. *state space*), która obejmuje wszystkie dopuszczalne stany pośrednie między stanem początkowym (określony substrat reakcji chemicznej), a stanem końcowym (produkt reakcji, umownie **TGT**). Przestrzeń ta będzie zatem obejmowała zbiór substancji, zawartych we wszystkich kolejnych etapach możliwych dróg syntezy docelowego związku, rozpoczynających się od wybranego substratu. Warunkiem koniecznym w tym podejściu do projektowania syntez, jest możliwość przekształcania odpowiednich cząsteczek zgodnie z zasadami chemii organicznej, w obrębie danej drogi syntezy. Stanami będą struktury związków, natomiast operatorami przekształcania stanów będą odpowiednie reakcje chemiczne. Ocenia się, że przestrzeń stanów w syntezie cząsteczek organicznych zbudowanych z ok. **100** atomów, może być rzędu 10^{120}, zatem jest nieporównywalnie większa od przestrzeni stanów w diagnostyce chorób (ok. 10^{40}), a także znacznie większa od przestrzeni stanów w szachach (ok. 10^{80}). Z tego właśnie względu staramy się polepszyć skuteczność systemów informatycznych poszukujących rozwiązań, wyposażając je w specjalne narzędzia teoretyczne oraz praktyczne techniki, umożliwiające eliminację tych klas rozwiązań, które w danym przypadku mają drugorzędne znaczenie, lub które należą do klas rozwiązań niezadawalających albo błędnych. Ten typ ukierunkowanego przeszukiwania przestrzeni rozwiązań (tzn. jedynie jej bardziej obiecującej części) nazwano **redukcyjnym obcinaniem** (ang. *reduction pruning*) [Kurzyński, 2008]. Dodatkowo, w celu dalszego ograniczenia poszukiwania rozwiązań, system informatyczny może stosować różne heurystyki dostosowane do danej dziedziny wiedzy. Wreszcie, niektóre systemy informatyczne mogą zwiększać swoją skuteczność, w miarę zdobywania doświadczenia podczas rozwiązywania problemów [Cichosz, 2000].

Ograniczenie (redukcja) przestrzeni rozwiązań w syntezie związków organicznych – z uwagi na jej rozmiary – jest niezbędne, wiąże się jednak z ryzykiem wyeliminowania właściwego rozwiązania/rozwiązań. Można powiedzieć, że wyczerpujące przeszukiwanie przestrzeni rozwiązań powinno doprowadzić do znalezienia sensownego rozwiązania[5], tj. kompletnej i wiarygodnej drogi syntezy substancji **TGT** (domyślnie), natomiast redukcyjne lub heurystyczne przeszukiwanie tej przestrzeni, nie gwarantuje osiągnięcia celu.

---

[5] oczywiście, jeśli rozwiązanie istnieje w danej przestrzeni rozwiązań

Pojęcie przestrzeni rozwiązań jest wygodną koncepcją, ułatwiającą rozważania nad ogólnymi zasadami rozwiązywania problemów metodami sztucznej inteligencji. W rzeczywistości przestrzeń taka jest umowną fikcją: zaczyna ona istnieć dopiero od momentu uruchomienia narzędzia informatycznego rozwiązującego problem, które generując rozwiązania, zaczyna ją wypełniać. Sprawę przeszukiwania przestrzeni rozwiązań należy zatem rozumieć w kategoriach zdolności danego systemu informatycznego do generowania akceptowalnych rozwiązań, w tym – jeśli jest to możliwe – rozwiązania optymalnego. W skrajnym przypadku liczba utworzonych rozwiązań może być niewielka, a co gorsza, mogą one być błędne lub niewłaściwe (np. zaprojektowana droga syntezy jest technologicznie zbyt skomplikowana, lub obłożona zastrzeżeniami patentowymi). W przeciwnym, równie skrajnym przypadku, system może generować ogromny nadmiar rozwiązań, co jest oczywiście zjawiskiem niekorzystnym, ponieważ sprawdzenie uzyskanych wyników i wybór właściwego rozwiązania może pochłonąć bardzo dużą, nieopłacalną ilość czasu.

Przy okazji należy zwrócić uwagę na pewien szczególny aspekt generowania rozwiązań oraz ograniczania ich liczby. Otóż – jak wspomniano – działanie systemu rozwiązującego problemy nie powinno się ograniczać wyłącznie do realizacji funkcji tworzenia rozwiązań, ponieważ każde z nich powinno być od razu ocenione (zasada paradygmatu **generuj-i-sprawdzaj**), a niewłaściwe (wg określonej skali lub kryteriów) – odrzucone. Najnowsze poglądy na budowę systemów do rozwiązywania problemów [Russel oraz Norwig, 2003] sugerują jednak, że **nie powinien** być wyzwalany mechanizm generowania rozwiązań, które później – po ich ocenie – zostaną odrzucone. Pozwala to skrócić czas potrzebny do utworzenia sensownych dróg syntez, gdyż taki system generuje w zasadzie wyłącznie rozwiązania poprawne. Nie zawsze jednak udaje się zaprojektować systemy informatyczne o wspomnianych właściwościach.

Omawiane zagadnienia projektowania syntez organicznych są przykładem obszarów wiedzy, w których z powodzeniem można (i należy!) stosować metody sztucznej inteligencji do wyboru alternatyw, ogólnie – do rozwiązywania problemów. Doświadczenia wielu lat zastosowań tych metod w działach chemii dotyczących projektowania syntez (zarówno laboratoryjnych jak i przemysłowych), doprowadziły do ukształtowania się pewnych standardów postępowania, wykazujących znaczną skuteczność osiągania akceptowalnych rozwiązań. Kamieniem milowym tych standardów wydaje się być umiejętność rozpoznawania (i wykorzystywania) ważnych w syntezie chemicznej fragmentów strukturalnych cząsteczek, znanych pod pojęciem **podstruktur**[6] (ang. *substructure*). Dotyczy to projektowania syntez chemicznych zarówno w sposób *manualny* (przez chemika), jak również przez *dedykowane* systemy informatyczne.

Podstrukturę można najogólniej określić, jako jedno- lub wieloatomowy fragment, który można rozpoznać, patrząc na wzór strukturalny cząsteczki chemicznej. Podstruktura może także być sama w sobie celem projektowanej syntezy. Znamienną cechą tego pojęcia jest jego **rozmyty** (ang. *fuzzy,* także *vague*) charakter. Posługując się klasycznym w chemii organicznej pojęciem **grupy funkcyjnej** (ang. *functional group*), w cząsteczce **A** (**Rys. 3-2**) można wyodrębnić następujące fragmenty strukturalne: grupę nitrową (**1**), 1,4-dwupodstawiony pierścień aromatyczny (**2**), grupę karbonylową >C=O (**3**), wiązanie C — O — C (**4**), ugrupowanie — CH< (**5**) oraz dwie grupy metylowe (**6**). Jednakże nabyta wiedza chemiczna sugeruje konieczność zdefiniowania bardziej złożonej podstruktury, mianowicie grupy estrowej — C (=O) — O —, gdyż bezpośrednie sąsiedztwo grupy karbonylowej oraz fragmentu — O — C — implikuje możliwość utworzenia wspólnej (większej) podstruktury o specyficznych właściwościach chemicznych (i specyficznych metodach syntezy) tego układu[7].

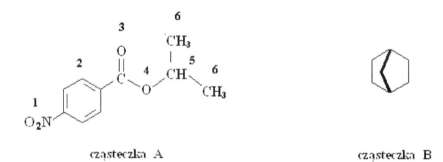

cząsteczka A   cząsteczka B

Rys. 3-2. Ilustracja pojęcia „podstruktura". Fragmenty strukturalne (podstruktury) w cząsteczce A są następujące: (1) grupa nitrowa, (2) 1,4-dwupodstawiony pierścień aromatyczny, (3) grupa karbonylowa, (4) wiązanie C — O — C, (5) ugrupowanie — CH<, (6) dwie grupy metylowe (łącznie z ugrupowaniem (5) – grupa izopropylowa)

---

[6] W literaturze na temat projektowania syntez, używane są również terminy: *makrofragment* oraz *synton* lub *funkton*

[7] Czytelnik powinien znaleźć tę podstrukturę na **Rys. 3-2**

Identyfikacja podstruktur w docelowej substancji, użytecznych w planowaniu rozwiązań (na każdym poziomie drzewa syntez), zależy od wiedzy chemika i jego/jej umiejętności kojarzenia faktów z chemii organicznej. Umiejętności te muszą być oczywiście zaimplementowane (w formie algorytmów **AI**) w dedykowanych systemach informatycznych do projektowania syntez chemicznych.

Patrząc ponownie na cząsteczkę **A** na **Rys. 3-2**, natychmiast rozpoznajemy grupę izopropylową, która jako niepodzielny fragment strukturalny przechodzi w procesie syntezy w całości, od **substratu** (ang. *substrate*, także *educt*) do **produktu** (ang. *product*, także **TGT**), podobnie jak w przypadku innych podstruktur (na przykład pierścienia aromatycznego). Jak widzimy, precyzyjne zdefiniowanie „rozległości" podstruktury w projektowaniu syntez może być czasami bardzo trudne; dlatego mówimy o rozmytym charakterze tego pojęcia.

Kolejny przykład ilustrujący omawianą sytuację dotyczy cząsteczki **B** na tym samym rysunku. Czy fragment zakreślony pogrubioną linią należy uznać za mostek w sześcioczłonowym pierścieniu, czy raczej za wspólny fragment dwóch pięcioczłonowych pierścieni? Ile pierścieni mamy w cząsteczce **B**? Tego rodzaju pytania, a przede wszystkim próby uzyskania ścisłych odpowiedzi, ujawniają jeszcze jedną znamienną cechę chemicznych zastosowań sztucznej inteligencji, mianowicie konieczność posługiwania się specjalnym formalizmem opisu pojęć i właściwości. Zagadnienia te mogą być całkowicie oczywiste i jednoznaczne dla chemika, jednakże ich komputerowa realizacja wymaga zupełnie innego podejścia. Bardzo często to, co człowiek dostrzega w mgnieniu oka, musi być definiowane za pomocą obszernych i skomplikowanych algorytmów. Na przykład we wzorze strukturalnym związku **A** z łatwością rozpoznajemy dwu-podstawiony (w pozycji *para*) pierścień

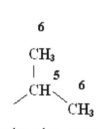

aromatyczny, podświadomie kojarząc sobie jego właściwości: zdelokalizowany charakter elektronów π, płaską budowę pierścienia, równocenność wybranych miejsc podstawienia, a nawet jego względne rozmiary. Cały ten proces rozpoznawczo-asocjacyjny odbywa się natychmiast, w ułamku sekundy od pierwszego spojrzenia na wzór strukturalny cząsteczki. Natomiast rozpoznanie omawianej podstruktury w zastosowaniach **AI** wymaga sprawdzenia obecności (znowu mamy poszukiwanie alternatyw!) charakterystycznych cech, dokonanego w ściśle zdefiniowanej kolejności, zatem wg pewnego algorytmu. Rozpoznanie w cząsteczce **A** podstruktury p-di-podstawionego pierścienia aromatycznego, wymaga uzyskania pozytywnej odpowiedzi na każde z poniższych, binarnych[8] pytań:

1) czy rozpatrywana podstruktura zawiera sześć atomów węgla, bezpośrednio ze sobą połączonych?

2) czy pierwszy i ostatni atom węgla w rozpatrywanym układzie są związane chemicznie?

3) czy w rozpatrywanym układzie (wiemy już, że jest to pierścień sześcioczłonowy) mamy trzy wiązania podwójne na przemian z trzema wiązaniami pojedynczymi?

4) czy dwa z sześciu atomów w pierścieniu łączą się z innymi jeszcze atomami, odmiennymi od atomów wodoru?

5) czy liczba atomów pomiędzy dwoma wyróżnionymi atomami jest jednakowa, przy trawersowaniu podstruktury (począwszy od wyróżnionego atomu) w dwóch przeciwnych kierunkach?

Wydaje się teraz koniecznym przypomnienie pewnych ogólnych pojęć dotyczących inteligencji człowieka oraz sztucznej inteligencji, używanych w toku dalszej narracji. Wg niektórych źródeł, np. [WWW-7, 2014], inteligencję człowieka cechuje wzajemne przenikanie inteligencji nabytej z inteligencją wrodzoną. Inteligencję nabytą definiuje się jako specyficzną umiejętność gromadzenia użytecznej wiedzy, jej selekcji oraz uogólniania. Natomiast inteligencja wrodzona, aczkolwiek trudna do zdefiniowania, ułatwia percepcję i procesy kojarzenia zjawisk oraz faktów: stanowi, zatem, swoiste *know-how* w odniesieniu do korzystania z posiadanych zasobów wiedzy, zwłaszcza w nowych i nieznanych warunkach. Można wyrazić pogląd, że inteligencja jest zbiorem intelektualnych zdolności, umożliwiających efektywne wykorzystywanie nabytej wiedzy w procesie rozwiązywania całkowicie nowych, teoretycznych lub/oraz praktycznych problemów. Najważniejszymi cechami inteligencji człowieka (a może – inteligentnego człowieka?) są: • umiejętność percepcji (tj. dostrzegania zjawisk i problemów), • umiejętność gromadzenia użytecznej wiedzy, • zdolność do dokonywania uogólnień, *oraz* • umiejętność kreatywnego korzystania z posiadanego doświadczenia.

---

[8] Binarne pytanie musi być tak sformułowane, aby dopuszczało wyłącznie jedną z dwu jednoznacznych odpowiedzi: **TAK** lub **NIE**

Natomiast sztuczna inteligencja – będąca dziedziną informatyki – zajmuje się projektowaniem oraz budową „inteligentnych" systemów informatycznych/komputerowych, wykazujących takie cechy, które zazwyczaj kojarzymy z zachowaniem się wykształconego i inteligentnego człowieka. Analizując krytycznie tę definicję możemy z łatwością dostrzec wyraźną rezygnację z pierwotnych, niezwykle ambitnych zamierzeń nakreślanych w momencie powstania sztucznej inteligencji [Flasiński, 2011]. Nie jest bowiem specjalnie trudnym zadaniem napisanie programu komputerowego, wykazującego oznaki inteligencji, zdolnego do podejmowania decyzji. Znacznie trudniejsza jest natomiast próba rozstrzygnięcia problemu, czy program (i komputer) wykonujący inteligentne zadanie i kreujący odpowiednie struktury danych w pamięci operacyjnej, myśli i rozumie cokolwiek?

CZĘŚĆ II
Wprowadzenie do badań nad projektowaniem nowych leków

ROZDZIAŁ 4

Zarys metodyki badań nad syntezą nowych leków. Bazy informacyjne dla chemii

Zgodnie z koncepcją układu tej monografii sygnalizowaną w tytule, dyskusja eksploracji danych medycznych zostanie przedstawiona na przykładzie ogólnego opisu operacji związanych z syntezą nowych leków. Opis ten – ze względów oczywistych – powinien poprzedzać informacje o modelu macierzowym chemii konstytucyjnej, a także relację o jego możliwościach i ograniczeniach w planowaniu syntez chemicznych. Podsumowując dotychczasową treść podręcznika można uznać, że przedstawione dotąd zagadnienia tworzą wystarczające zręby wiedzy, niezbędnej do podjęcia rozważań o ogólnych zasadach, stosowanych w badaniach nad otrzymywaniem nowych leków.

Pozostawiając omówienie modelu **D-U** do następnego rozdziału, zauważmy że początkowy okres rozwoju myśli o **komputerowo-wspomaganym projektowaniu syntez** (ang. *computer-assisted synthesis design*, **CASD**) był nacechowany przekonaniem o konieczności dostępu do informacji o ściśle zdefiniowanych reakcjach chemicznych (z podaniem metadanych o środowisku reakcji, katalizatorach oraz wydajności, zastrzeżeniach patentowych, itp.). Poglądy te były spowodowane ówczesnymi sukcesami zastosowań systemu **LHASA** (w USA) oraz **LHASA UK** (w Europie)[9]. Dodatkowo, przekonanie to zostało wsparte przyznaniem nagrody Nobla twórcy koncepcji retrosyntezy i jednocześnie głównemu pomysłodawcy architektury tego systemu. Fakty te zainspirowały podjęcie badań (w różnych okresach czasu) nad liczną grupą systemów do projektowania syntez chemicznych (patrz ramka na następnej stronie), posiadających własne bazy informacyjne o zróżnicowanym stopniu złożoności ich budowy.

Stopniowo tworzono również systemy projektowania syntez chemicznych oparte na modelu **D-U** o coraz wyższej doskonałości. Kilka z tych systemów jest wymienionych w ramce (ich nazwy napisano kursywą), zaś bliższy opis podano w [Ugi, Bauer, Bley i inni, 1993].

---

[9] Była to formalna lokalizacja tych systemów, ponieważ były one dostępne abonentom w dowolnym miejscu na świecie

Lista dedykowanych systemów informatycznych do projektowania syntez złożonych cząsteczek organicznych jest bardzo obszerna. Świadczy to o dużej innowacyjności naukowej i znaczeniu praktycznych zastosowań tych systemów. Lista ważnych narzędzi informatycznych do planowania syntez chemicznych jest następująca:

AHMOS (Weise i in.), **AIPHOS** (Funatsu i Sasaki), *ASSOR* (Schubert), **CAMEO** (Jorgensen), *CICLOPS* (Ugi i wsp.), *CSB* (Hippe i wsp.), *EROS* (Gasteiger), **ICSYNTH** (Loew i wsp.), **LHASA** (Corey i wsp.), **MASSO** (Moreau i in.), **PASCOP** (Choplin i in.), **REACT** (Gowind i in.), **SECS** (Wipke i in.), **SCANMAT** (Hippe i wsp.), **SCANSYNTH** (Hippe i wsp.), **SOS** (Metzger i wsp.), **SYNCHEM** (Gelernter i wsp.).

Najnowszy trend badań w dziedzinie projektowania syntez, zmierza obecnie do budowania narzędzi informatycznych, korzystających z zewnętrznych baz o reakcjach: użytkownik narzędzia musi wykupić licencję na korzystanie z danej bazy/danych baz. Przykładem może być filozofia działania niemieckich przedsiębiorstw: wspomniany w ramce *Rozdziału 2* projekt **SPRESI** (patrz odrębna ramka w dalszej treści rozdziału), jest obecnie stosowany do generowania (na zamówienie) dedykowanych baz o reakcjach chemicznych, stosowanych wespół z innymi bazami w projektowaniu syntez chemicznych.

Przykładowo, przedsiębiorstwo **InfoChem** GmbH w Monachium opracowuje specjalizowane narzędzia informatyczne do wyszukiwania/dostarczania informacji o reakcjach chemicznych, niejako kontynuując prace podjęte przez **ZIC** oraz **VIVITI**. Na szczególną uwagę zasługuje upowszechniane w pewnym okresie narzędzie **ChemReact41** [Loew, Saller, Hippe i inni, 1998], reprezentujące oryginalną filozofię wspomagania planowania syntez chemicznych. Niektórzy badacze [Dubois, 1999] uważali niesłusznie, że główna myśl tego systemu wyprzedzała koncepcję modelu **D-U**. Przesłanka ta (błędna) zadecydowała o podaniu krótkiej charakterystyki wspomnianego narzędzia (patrz ramka na następnej stronie).

Odnosząc się danych historycznych, rzadko wspominanych w bieżącej literaturze tematu, warto wspomnieć że jednym z ważnych spotkań na temat projektowania syntez chemicznych była konferencja naukowa w Prien (ówczesne Niemcy Zachodnie), zorganizowana przez **EUCHEM (NATO)** w r. 1980, podczas której można było przysłuchiwać się wykładom, lecz nie wolno było prowadzić żadnych notatek! Sprawy projektowania syntez związków chemicznych były ówcześnie objęte tajemnicą w odniesieniu do naukowców nie tylko z terenu b. państw satelickich układu warszawskiego [Hippe, 1980], lecz również z krajów Europy Zachodniej oraz USA [Carter, 1980; Gelernter, 1980]. Jednak już 10 lat później nie było tych ograniczeń. Mianowicie, podczas 8-ej Międzynarodowej Konferencji **IUPAC**[10] (**ICOS**, **I**ntern. **C**onference on **O**rganic **S**yntheses, Helsinki, 23-27.07.1990) odbył się publiczny pokaz systemów projektowania syntez chemicznych [Hase, 1990], opracowanych m. in. w Stanach Zjednoczonych oraz w różnych krajach europejskich, w tym także w Polsce [Hippe, Fic oraz Mazur, 1990].

System **ChemReact41** prowadzi do *pozornego* zmniejszenia liczby reakcji chemicznych w planowaniu syntez. Pozorne zmniejszenie liczby reakcji upraszczające procedurę planowania syntez, polega na możliwości wyszukiwania informacji o **typach** reakcji chemicznych, prowadzących do syntezy docelowego związku (domyślnie **TGT**). Ograniczono w ten sposób obszar przestrzeni rozwiązań: w rozważanym przypadku z ponad **4** milionów zarejestrowanych reakcji chemicznych, do **41 300** typów reakcji (stąd w nazwie systemu końcówka **41**). Należy dodać, że przez typ reakcji rozumie się przemianę, przebiegającą wg tego samego mechanizmu chemicznego w obszarze zbioru związków homologicznych, lub na zbiorze substancji posiadających wymagane podstruktury.

Powracając do nowych narzędzi dotyczących planowania syntez, warto zajrzeć na portal firmy **InfoChem** GmbH w Monachium, i zapoznać się z istniejącymi rozwiązaniami, zwłaszcza z modułami systemu **InfoChem**©.

Z nowych narzędzi do wspomagania projektowania syntez chemicznych, na uwagę zasługuje system **ICSYNTH**, umożliwiający utworzenie kompletnych dróg syntez docelowej cząsteczki. Zaletą systemu jest możliwość uzyskania innowacyjności, poprzez stymulowanie idei uzyskania alternatywnych lub nowych dróg syntez, dotychczas nierozważanych. Podejście to może prowadzić do ulepszenia planowania syntez, wskutek generowania krótszych dróg, lub bardziej ekonomicznych modyfikacji planowanych reakcji. Po wprowadzeniu docelowej struktury, użytkownik może dokonać wyboru różnych strategii syntezy, w zależności od wymagań. Wtedy system **ICSYNTH** automatycznie generuje interaktywne drzewo syntez, w którym każdy węzeł reprezentuje odpowiedni prekursor. Zaletą tego rozwiązania jest fakt, że sugerowane transformacje chemiczne można zweryfikować (przy pomocy sieciowego linku) z opublikowanymi informacjami o projektowanych reakcjach (lub

---

[10] International Union of Pure and Applied Chemistry; organizacja założona w r. 1919

ich analogach).

Najogólniej biorąc, **SPRESI** jest bazą reakcji i struktur chemicznych, zawierającą aktualnie ponad **4** miliony reakcji, prawie **6** milionów struktur oraz **32** miliony danych faktograficznych, ekstrahowanych z **675 000** odnośników literaturowych oraz **164 000** patentów. W latach 70-tych ubiegłego stulecia, Wszechzwiązkowy (All-Union) Instytut Informacji Naukowej i Technicznej Akademii Nauk ZSRR (**VINITI**) w Moskwie, razem z Zentrale Informationsverarbeitung Chemie (**ZIC**) w Berlinie, podjęły prace nad budową bazy danych **SPRESI**. Główną ideą budowy tej bazy było wspomaganie syntezy organicznej: z tego względu podjęto prace nad gromadzeniem streszczeń artykułów publikowanych w najważniejszych czasopismach naukowych z tej dziedziny. Gromadzone dane zawierają informacje o strukturach, reakcjach, właściwościach chemicznych i fizycznych referowanych związków, słowach kluczowych oraz danych faktograficznych, dotyczących tzw. meta-informacji. Zawężając przedstawiany rys historyczny do zagadnień europejskich (i naszego zachodniego sąsiada), należy przypomnieć, iż wkrótce po „zniknięciu" Niemieckiej Republiki Demokratycznej (Deutsche Demokratische Republik, **DDR**) przez włączenie do Republiki Federalnej Niemiec (zwanej w języku potocznym Niemcami Zachodnimi), utworzono w Berlinie przedsiębiorstwo **ZIC** GmbH, specjalizujące się w budowie i upowszechnianiu chemicznych baz informacyjnych. Nastąpiło jednak istotne rozszerzenie pola gromadzenia danych: oprócz kontynuacji współpracy z **VINITI** w Moskwie (abstrahujmy dla wygody od nazwy), dołączono inne niemieckie bazy chemiczne, udostępniając także różne narzędzia do wspomagania projektowania syntez chemicznych. Można także korzystać z tworzonych na podstawie zbioru **SPRESI** rozmaitych baz informacyjnych, dotyczących węższych poddziedzin chemii, np. leków, polimerów, substancji ochrony roślin,

Dodatkowo, automatycznie jest sprawdzana dostępność dowolnego prekursora w katalogach komercyjnych: użytkownik może modyfikować drzewo syntez, lub wskazać wybrany prekursor do dalszej analizy. System umożliwia automatyczne generowanie dróg syntez dzięki dostępowi do algorytmicznych bibliotek przemian chemicznych. Liczba bibliotek przemian jest ograniczona jedynie dostępem do walidowanych baz z reakcjami. Oprócz projektowania syntez w sposób retrosyntetyczny, system posiada również moduł projektowania syntez wprzód [WWW-8, 2014]. Podsumowując, system **IC*SYNTH*** może automatycznie generować znaczące drogi syntez na podstawie znanych baz z reakcjami chemicznymi (wymagane są licencje), takich jak: **SPRESI**, **IC*NameRXN***, **Science of Synthesis (SOS)** [WWW-9, 2014].

Powracając do zasadniczego nurtu niniejszego rozdziału, tj. zarysu badań nad zaprojektowaniem budowy strukturalnej związku chemicznego o zadanych właściwościach chemoterapeutycznych, opracowanie *nowego* leku polega najczęściej na realizacji sekwencji następujących, standardowych operacji. Tymi operacjami (czynnościami) mogą być:

1. *Wykrycie* (na ogół przypadkowe) ***aktywności chemoterapeutycznej*** jakiegoś naturalnego materiału biologicznego,

2. *Wyizolowanie substancji czynnej* (przy pomocy różnych metod chromatograficznych) w celu późniejszego rozpoznania jej struktury (patrz punkt **3**) oraz odrzucenia substancji balastujących,

3. *Identyfikacja budowy strukturalnej* substancji czynnej, głównie przez zastosowanie zaawansowanych metod analizy spektralnej (patrz komentarz w ramce),

---

Znany jest pogląd, że entropia informacji o strukturze badanego związku, zawarta w jego widmach molekularnych, zmniejsza się w następującej kolejności:

$$MS > {}^{13}C\ NMR > {}^{1}H\ NMR > IR > R > UV$$

Interesującym jest fakt stosunkowo odległej lokalizacji widma **IR** w tym szeregu, mimo iż widmo to w sposób najbardziej dokładny opisuje rodzaje wiązań pomiędzy poszczególnymi atomami w cząsteczce, definiuje najważniejsze grupy funkcyjne (na podstawie częstości grupowych), oraz ich wzajemne położenie. Wynika to przypuszczalnie z braku zadawalających narzędzi teoretycznej interpretacji widm **IR**, wykraczających – bez konieczności prowadzenia uciążliwych i czasochłonnych obliczeń – poza ramy empirycznego ich objaśniania. Wydaje się, że informacje strukturalne zawarte w widmie **IR**, nie są na razie w pełni wykorzystywane.

---

4. *Badania literaturowe i patentowe*, prowadzące do wyszukania informacji na temat:

a) właściwości związków homologicznych, właściwości substancji pokrewnych oraz istniejących zastrzeżeń patentowych,

b) znanych (opisanych w literaturze) reakcji otrzymywania substancji czynnej,

5. *Projektowanie syntezy związku czynnego* lub/oraz syntezy analogów, *oraz*

6. *Synteza nowego leku* w skali laboratoryjnej, $^{1}/_{4}$-technicznej i ½-technicznej, stosując metodę Deminga etapowej optymalizacji jakości [Thompson oraz Koronacki, 2001].

W omawianej metodyce projektowania nowych chemoterapeutyków, z zamysłem pominięto zagadnienia klinicznych badań skuteczności opracowywanego leku, ponieważ główne treści monografii dotyczą punktu **5.** *Projektowanie syntezy związku czynnego*. Informacje o pozostałych etapach podanego tu rutynowego schematu projektowania nowych leków (punkty **1**, **2**, **3**, **4** oraz **6**, są obszernie omówione w specjalnie przez nas dobranych odnośnikach literaturowych (Rozdział **Literatura**).

W stosowanym obecnie podejściu do projektowania nowych leków, tok postępowania we wszystkich – wskazanych powyżej – etapach badań, jest wspomagany dedykowanymi systemami informatycznymi, najczęściej o wysokim stopniu zaawansowanego profesjonalizmu, ułatwiającymi przeprowadzenie danej operacji. Jednakże pomimo tego rodzaju wspomagania, projektowanie nowego leku – a w konsekwencji planowanie jego syntezy – jest **zadaniem złożonym** (ang. *complicated task*), wymagającym od badacza gruntownej znajomości chemii organicznej oraz jednocześnie – dobrej znajomości wybranych działów informatyki. Pewną pomocą są spostrzeżenia dokonane przez naukowców podczas wielu lat badań nad właściwościami oraz syntezą licznych, stosowanych obecnie chemoterapeutyków. Spostrzeżenia te zostały podsumowane – w odniesieniu do najważniejszych zasad – w treści tej książki. Otóż zgodnie z poglądami badaczy, zajmujących się opracowaniem – a finalnie, syntezą leków, proces planowania syntezy związku chemicznego należy uznać za *złożony*, jeśli charakteryzuje się następującymi cechami:

1) plan syntezy nie może być ustalony na podstawie prostych analogii do uprzednio rozwiązanych problemów,

2) budowa chemiczna docelowej cząsteczki (**TGT**) nie przywodzi na myśl właściwych substratów syntezy,

3) wybór odpowiedniego (tzn. możliwie prostego, a jednocześnie skutecznego) planu syntezy wymaga przewartościowania wielu rozmaitych planów,

4) struktura syntezowanej cząsteczki jest sama w sobie złożona, w sensie obecności elementów komplikujących cechy strukturalne; np.: gdy w strukturze syntezowanej substancji występują grupy funkcyjne utrudniające syntezę, gdy są obecne niekorzystne centra reaktywności, centra chiralne, czy elementy destabilizujące cząsteczkę.

Okazało się również, że dodatkowo dochodzą jeszcze pewne specyficzne operacje, formalnie ukryte pod hasłem *planowanie syntezy*, ponieważ tak globalnie nazwany problem wymaga rozwiązania wielu trudnych podproblemów, jak np. kanonizacja reprezentacji wzoru strukturalnego (tj. utworzenie jednoznacznej, kanonicznej matematycznie numeracji atomów, niezbędnej do zapisu/odczytu uzyskanych wyników), percepcja podstruktur, rozpoznanie reaktywności wiązań, wybór wiązań strategicznych w odniesieniu do zastosowanej koncepcji transformacji chemicznej, wybór miejsca tej transformacji (najczęściej środkowa, a *nie* peryferyjna część molekuły), wybór strategii transformacji cząsteczki w podcele (w nawiązaniu do reaktywnych wiązań), sprawdzenie wiarygodności wygenerowanych retroreakcji oraz utworzenie graficznej reprezentacji cząsteczek biorących udział w symulowanych przemianach.

Korzystając z dotychczas podanych informacji, można będzie teraz przejść do opisu podstaw koncepcji modelu macierzowego chemii konstytucyjnej.

ROZDZIAŁ 5

Model macierzowy chemii konstytucyjnej. Podstawy koncepcji

Podejmując dyskusję o podstawach koncepcji modelu macierzowego Ugi'ego i Du-gundji'ego, należy najpierw przypomnieć o prowadzonych badaniach nad zapisem struktur chemicznych w postaci macierzy. Pierwotne rozwiązania służyły jednak innym celom (patrz informacja w ramce).

Prekursory macierzowego zapisu struktur chemicznych, pokazano na przykładzie czą-steczki cyjanowodoru:

$$H - C \equiv N$$

Zero-jedynkową macierzą, stosowaną do opisu grafów (np. molekularnych, reprezentu-jących struktury chemiczne) jest **macierz sąsiedztwa** (ang. *adjacency matrix*), I_{HCN},

$$I_{HCN} = \begin{bmatrix} 0 & 1 & 0 \\ 1 & 0 & 1 \\ 0 & 1 & 0 \end{bmatrix} \begin{matrix} H \\ C \\ N \end{matrix}$$
$$\quad\quad\quad\; H \quad C \quad N$$

(oprócz macierzy mamy tu także tzw. **wektor atomowy** (ang. *atomic vector*), informu-jący, z jakich atomów zbudowana jest cząsteczka. Wektor atomowy {**H C N**} umiesz-czono z prawej strony za macierzą, i dodatkowo – dla ułatwienia odczytu – pod macie-rzą)

Inną macierzą, wprowadzoną dość dawno dla celów dokumentacji informacji chemicz-nej [Spialter, 1964], jest **macierz połączeń** (ang. *connectivity matrix*), C_{HCN},

$$C_{HCN} = \begin{bmatrix} H & 1 & 0 \\ 1 & C & 3 \\ 0 & 3 & N \end{bmatrix}$$

(wektor atomowy jest tu wymieniony na diagonalnej macierzy)

Obydwa rodzaje macierzy opisują budowę molekuły, lecz nie wnoszą informacji o możliwościach ich zastosowania do planowania przemian chemicznych.

Swoisty przełom został dokonany przez wprowadzenie **macierzy wiązań-i-elektronów BE** (ang. *bond-electron-matrix*, **BE**) w systemach informatycznych do **CASD,** realizujących model macierzowy chemii konstytucyjnej. Budowę tej macierzy oraz jej rolę w projektowaniu syntez chemicznych, omówiono w dalszej części rozdziału. Teraz jednak zwróćmy uwagę na fakt, że narzędzia do **CASD** posiadające zdolność kreowania *nowej* wiedzy, nie muszą mieć dostępu do informacji o reakcjach, jak miało to miejsce w ówczesnym systemie **LHASA** [WWW-5, 2014]. Narzędzia te – zamiast danych o reakcjach – do prognozowania przemian (transformacji) chemicznych, mogą stosować odpowiedni *model* chemii organicznej. W niektórych przypadkach, może to prowadzić do planowania zarówno znanych reakcji, jak i reakcji zupełnie nowych, tj. nieopisanych do tej pory w literaturze. Tego rodzaju uniwersalnym (w sensie ogólności) modelem jest właśnie model macierzowy chemii konstytucyjnej Ugi'ego i Dugundji'ego, zwany w skrócie – jak podano w *Przedmowie* – modelem **D-U**. Dyskusję podstaw teorii modelu **D-U**, z zamysłem ograniczono do opisania jego kilku ważnych cech, niezbędnych do wyjaśnienia nowych pojęć, mianowicie: **macierzy reakcji** (ang. *reaction matrix*) oraz **generatora reakcji** (ang. *reaction generator*). Natomiast pominięto rozważania o podstawach matematycznych modelu **D-U**, ponieważ aktualny i szczegółowy opis tych zagadnień (na przykładzie zespołu cząsteczek oraz reakcji chemicznych, odmiennych od omówionych w tej książce), jest udostępniony w [Hippe, 2014a].

Zarys informacji o modelu macierzowym Ugi'ego i Dugundji'ego

W modelu **D-U** główną kategorią obiektów są **zespoły cząsteczek** (ang. *ensembles of molecules*, **EM**):

$$EM = \{M_1, M_2, ..., M_k; \ k \in N\}$$

Dla każdej pary indeksów $\{i, j\}$, cząsteczki M_i oraz M_j należące do zespołu **EM**, mogą być tożsame lub różne. Każdemu zespołowi **EM** (utworzonemu ze zbioru atomów **A**) można przypisać sumaryczny **wzór ogólny** (ang. *total formula*) oraz szczegółowy **wzór strukturalny** (ang. *constitutional formula*, także *structural formula*). Wzór ogólny jest sumą wzorów sumarycznych cząsteczek należących do **EM**, zaś wzór szczegółowy jest zbiorem wzorów szczegółowych, opisujących budowę tych cząsteczek.

Ugi i Dugundji rozszerzyli pojęcie izomerii również na zespoły cząsteczek. Dwa zespoły cząsteczek **EM**$_i$ oraz **EM**$_j$ są izomeryczne, gdy mają ten sam wzór ogólny, natomiast różnią się wzorem szczegółowym. Wszystkie izomeryczne zespoły cząsteczek (utworzone z danego zbioru atomów **A**), tworzą **rodzinę izomerycznych zespołów cząsteczkowych** (ang. *family of isomeric ensembles of molecules*, **FIEM**). Na przykład w skład **FIEM**, która jest reprezentowana przez wzór ogólny $<C_3H_6O_1>$, wchodzą różne zespoły cząsteczek:

$$EM_1 = (3C + H_2O + 2H_2)$$
$$EM_2 = (CO + C_2H_6)$$
$$EM_3 = (CO + H_2 + C_2H_4)$$
$$EM_4 = (CO + 2H_2 + C_2H_2)$$
$$EM_5 = (CH_2O + C_2H_4)$$
$$EM_6 = (CH_2=C=O + CH_4)$$
$$EM_7 = (CH_3COCH_3) \text{ i inne.}$$

Reakcję chemiczną (ang. *chemical reaction*) można uznać za przekształcenie zespołu cząsteczek substratów, EM_{BEGIN}, w izomeryczny zespół produktów reakcji, EM_{END}, w ramach tej samej rodziny **FIEM**:

$$EM_{BEGIN} \longrightarrow EM_{END}$$

Każda reakcja chemiczna jest procesem izomeryzacji i przebiega zgodnie z zasadą zachowania materii (w przebiegu reakcji chemicznej materia nie znika, ani się nie tworzy). Przykładowo, reakcja termicznego rozpadu acetonu:

$$CH_3 - CO - CH_3 \xrightarrow{\text{temperatura}} CH_2=C=O + CH_4$$

jest transformacją:

$$EM_{(CH3-CO-CH3)} \longrightarrow EM_{(CH2=C=O + CH4)}$$

w obrębie rodziny **FIEM** o wzorze ogólnym $<C_3H_6O_1>$.

Natomiast wieloetapową drogę syntezy chemicznej można opisać ciągiem następujących po sobie transformacji izomerycznych zespołów cząsteczek, rozpoczynającej się od zespołu zapoczątkowującego przemianę (może to być jedna cząsteczka, lub kilka substancji):

$$\text{EM}_{\text{BEGIN}} \longrightarrow \quad \text{EM}_1 \longrightarrow \quad \text{EM}_2 \quad ..., \quad \longrightarrow \text{EM}_N \quad \longrightarrow \quad \text{EM}_{\text{END}}$$

W modelu **D-U**, wzory strukturalne cząsteczek wchodzących w skład zespołu **EM**, są opisane przy pomocy macierzy wiązań-i-elektronów **BE** i wektorów atomowych. Reprezentacja macierzowa struktur chemicznych wymaga przypisania każdemu atomowi cyfrowego identyfikatora, przy czym porządek numeracji atomów może być dowolny. Macierz **BE** zawiera informacje o sposobie połączenia poszczególnych atomów w cząsteczce oraz o lokalizacji wolnych elektronów (odnosząc te informacje do identyfikatorów), zaś wektor atomowy przenosi informacje o rodzajach atomów w zespole izomerycznym. Na **Rys. 5-1** pokazano dla przykładu macierz **BE** oraz wektor atomowy (**AV**) cząsteczki acetonu.

$$
\begin{array}{ccccc}
\text{H}^5 & & :\text{O}:^4 & & \text{H}^8 \\
| & & \| & & | \\
\text{H}^6 - \text{C}^1 - & & \text{C}^2 - & & \text{C}^3 - \text{H}^9 \\
| & & & & | \\
\text{H}^7 & & & & \text{H}^{10}
\end{array}
$$

(BE)

c / v	1	2	3	4	5	6	7	8	9	10	(AV)
1	0	1	0	0	1	1	1	0	0	0	C
2	1	0	1	2	0	0	0	0	0	0	C
3	0	1	0	0	0	0	0	1	1	1	C
4	0	2	0	4	0	0	0	0	0	0	O
5	1	0	0	0	0	0	0	0	0	0	H
6	1	0	0	0	0	0	0	0	0	0	H
7	1	0	0	0	0	0	0	0	0	0	H
8	0	0	1	0	0	0	0	0	0	0	H
9	0	0	1	0	0	0	0	0	0	0	H
10	0	0	1	0	0	0	0	0	0	0	H

Rys. 5-1. Macierz BE oraz wektor atomowy (AV) acetonu (c jest numerem kolumny, v – numerem wiersza macierzy). Identyfikatory cyfrowe atomów zostały wybrane na podstawie algorytmu Fica [Hippe, 1993]. W cząsteczce zawierającej 10 atomów istnieje formalnie 10! sposobów ich ponumerowania (3 628 800 możliwości!). Nadanie atomom kanonicznych (zasadniczo matematycznie) identyfikatorów, eliminuje powtórny zapis tych samych struktur, a ponadto ułatwia odczyt wyników przetwarzania

Objaśniając dokładniej elementy składowe macierzy **BE** (**Rys. 5-1**) zwróćmy uwagę, że cyfry umieszczone na **diagonalnej** (ang. *diagonal*) macierzy, wskazują liczbę wolnych elektronów walencyjnych danego atomu. Zatem atom tlenu **O** (z identyfikatorem **4)** ma cztery wolne elektrony, pokazane znakami dwukropka mieszczonymi po obydwu stronach symbolu atomu. Wartość liczbowa każdego **niediagonalnego** (ang. *off-diagonal*) elementu macierzy **BE** (b_{cv}, $c \neq v$), reprezentuje formalny rząd wiązania kowalencyjnego między atomami A_i oraz A_j. Dozwolone wartości dla (b_{cv}, $c \neq v$) wynoszą **1**, **2**, lub **3**. Cyfry te oznaczają rząd wiązania (wiązanie pojedyncze, podwójne lub potrójne, odpowiednio); gdy element (b_{cv}) o współrzędnych ($c \neq v$) ma wartość zero, atomy A_i oraz A_j nie są wzajemnie połączone. I tak na przykład, atomy wodoru H^5, H^6 oraz H^7 są połączone wiązaniami pojedynczymi z atomem węgla C^1 (można to dostrzec, analizując zawartość pierwszej kolumny macierzy **BE**, i porównując ją z identyfikatorami atomów we wzorze strukturalnym cząsteczki acetonu).

Przy założeniu, że nie rozpatruje się budowy przestrzennej cząsteczek, wektor atomowy **AV** łącznie z macierzą **BE**, opisują jednoznacznie strukturę danej cząsteczki organicznej.

Przyjrzyjmy się teraz dokładniej przykładowej reakcji termicznego rozpadu acetonu:

Reakcja ta jest transformacją:

$$EM_{(CH3\text{-}CO\text{-}CH3)} \longrightarrow EM_{(CH2=C=O\ +\ CH4)}$$

w obrębie rodziny **FIEM** o wzorze ogólnym $<C_3H_6O_1>$. W modelu **D-U**, macierze wiązań-i-elektronów **BE** opisujące cząsteczki chemiczne, są macierzami kwadratowymi o liczbie wierszy n równej liczbie kolumn m. Zatem $n = m = N$, przy czym liczbę N nazywamy stopniem macierzy. Stopień macierzy wiązań-i-elektronów **BE** w modelu macierzowym jest zawsze równy liczbie atomów odnotowanych w wektorze atomowym; innymi słowy jest równy liczbie wszystkich atomów zespołu cząsteczek, uczestniczących w reakcji.

Stosując elementarne zasady rachunku macierzowego, można wyznaczyć różnicę pomiędzy stanem końcowym reakcji, opisanym macierzą wiązań-i-elektronów produktu/produktów reakcji, EM_{END}, a stanem początkowym reakcji (macierz substratu/substratów, EM_{BEGIN}, odpowiednio). Różnicę tę wyraża kolejna macierz modelu **D-U**, **macierz reakcji** (ang. *reaction matrix*) **R** (patrz **Definicja 5-1**).

Wymóg uproszczenia toku narracji spowodował, że nie rozpisano omawianej reakcji w ścisłej notacji macierzowej, podając wartości elementów macierzy **BE** acetonu, macierzy reakcji **R** oraz macierzy zespołu $CH_2 = C = O + CH_4$ (jednak Czytelnik może spróbować samodzielnie to zrealizować, *Ćwiczenie 1*).

Definicja 5-1.

• macierz reakcji **R** jest macierzą kwadratową (o rozmiarach $n \times n$) i symetryczną;

• ujemne/dodatnie wartości niediagonalnych elementów macierzy reakcji $r_{cv} = r_{vc} = -k/r_{cv} = k$, gdzie $c \neq v$, a $k = $ **1**, **2**, lub **3**, opisują rozerwanie/utworzenie k wiązań kowalencyjnych między atomami A_i oraz A_j (na przykład $r_{23} = $ **-1** oznacza rozerwanie wiązania kowalencyjnego $C^2 — C^3$, a $r_{35} = 1$ oznacza utworzenie nowego wiązania $C^3 — H^5$);

• ujemne/dodatnie wartości diagonalnych elementów macierzy reakcji $r_{cc} = -m/r_{cc} = m$ (gdzie $m = 1, 2, 3, \ldots$) przenoszą informacje o liczbie wolnych elektronów utraconych/uzyskanych przez atom A_i podczas reakcji;

• suma algebraiczna wszystkich elementów macierzy reakcji jest równa zeru;

• w [Zadora, Zuba oraz Parczewski, 2014] omówiono bardziej zawansowane cechy macierzy reakcji (m.in. macierz odwrotną, macierz reakcji utlenienia-redukcji, macierz reakcji homolizy, macierz **reakcji homoapsji** (ang. *homoapsis reaction*), zapisaną niżej:

$$\dot{A}_i + \dot{A}_J \longrightarrow A_i — A_j$$

Zanim przystąpimy do bliższego wyjaśnienia roli i znaczenia macierzy reakcji w modelu **D-U**, narzuca się konieczność skomentowania pojęć, użytych w liczbie mnogiej w stosunku do macierzy **BE**, a mianowicie określeń: *produktu/**produktów*** oraz *substratu/**substratów***. Wskazują one, że *jedna* macierz wiązań-i-elektronów **BE** opisująca stan końcowy reakcji chemicznej, EM_{END}, reprezentuje dowolną liczbę produktów. Analogicznie, *jedna* macierz **BE** stanu początkowego reakcji, EM_{BEGIN}, reprezentuje dowolną liczbę substratów. Zatem każdą reakcję w dziedzinie chemii organicznej możemy opisać za pomocą trzech macierzy:

1) macierzy substratów, EM_{BEGIN}, (w skrócie: **B**),

2) macierzy produktów, EM_{END}, (w skrócie: **E**), *oraz*

3) wspomnianej uprzednio, macierzy reakcji **R**.

Przedstawiając powyższe spostrzeżenia w postaci:

$$B + R = E$$

otrzymujemy **podstawowe równanie** (ang. *master equation*) Ugi'ego-Dugundji'ego, stanowiące zapis dowolnej reakcji organicznej w postaci macierzowej. Z równania tego wynika wniosek, że dodając do macierzy wiązań-i-elektronów substratu(ów) reakcji, **B**, macierz reakcji, **R**, otrzymujemy macierz wiązań-i-elektronów produktu(ów) reakcji, **E**. Jest to zatem przypadek generowania reakcji chemicznych zgodnie z naturalnym kierunkiem ich przebiegu, od substratu(ów) do produktu(ów).

Równanie w postaci **B + R = E** umożliwia wykorzystanie modelu macierzowego do wygenerowania wszystkich możliwych transformacji chemicznych dowolnego zbioru substratów, zapisanego oczywiście w *jednej* macierzy wiązań-i-elektronów. Punktem wyjścia jest macierz **B**, opisująca strukturę analizowanej cząsteczki chemicznej (lub struktury zespołu substratów, dla którego chcemy uzyskać prognozę dopuszczalnych reakcji). Transformując tę macierz za pomocą różnych macierzy reakcji (dodając do niej kolejno różne macierze reakcji), można uzyskać zbiór macierzy **E**:

$$E \in \{E_1, E_2, E_3, ..., E_n\}$$

reprezentujący teoretycznie produkty wszystkich przemian chemicznych, którym może podlegać badany układ, jeśli zastosowano wszystkie macierze reakcji. Zapisując dodatkowo w macierzy **B** cząsteczki tzw. partnerów reakcji (małocząsteczkowe związki pobierane lub wydzielane w reakcjach chemicznych, takie jak: H_2O, HCl, H_2, Cl_2, Br_2, CO_2, NH_3, O_2, CH_3OH, itp.), można przewidzieć przemiany określonego układu w różnych środowiskach (na przykład w wilgotnej glebie, w wodzie, w atmosferze zadanej substancji lotnej, itd.).

Istotną rolę w zastosowaniach modelu **D-U** spełnia liczba macierzy reakcji. Twórcy koncepcji modelu macierzowego wyodrębnili **38** typów tych macierzy[11]. Każda z nich determinuje *wszystkie* reakcje, przebiegające według określonego schematu rozerwania/tworzenia wiązań oraz przemieszczeń elektronów walencyjnych. Bart oraz Garagnani wykazali, że prawie wszystkie poznane do tej pory reakcje organiczne można opisać za pomocą **42** typów macierzy reakcji [Bart oraz Garagnani, 1976; Bart oraz Garagnani, 1977], przy czym trzy z nich (nazwane **R1**, **R2** oraz **R21**) obejmują swoim zasięgiem ok. **77%** stosowanych

---

[11] Ściśle mówiąc, opisano taką liczbę tzw. **zredukowanych macierzy reakcji** (ang. *reduced reaction matrices*). Są to macierze **BE**, w których wyeliminowano wiersze oraz kolumny zawierające wyłącznie zera

w praktyce laboratoryjnej reakcji organicznych. Uwaga ta prowadzi do konieczności do-kładniejszego skomentowania tej sytuacji (patrz akapit dotyczący generatorów reakcji). Teraz jednak należy wspomnieć o mniej widocznych – na pierwszy rzut oka – cechach macierzy **BE**, a później – o ograniczeniach zapisu macierzowego.

Trudno-zauważalne (formalnie) cechy macierzy **BE**, mają duże znaczenie dla chemików: na przykład, wiązanie chemiczne w ujęciu modelu **D-U** jest relacją symetryczną. Oznacza to, że nie są brane pod uwagę różnice gęstości elektronowej wokół pary atomów tworzą-cych wiązanie kowalencyjne. Daje się też rozpoznać, czy zespół **EM** należący do danej rodziny **FIEM**, zawiera cząsteczkę pierścieniową; jeśli jej nie zawiera, wtedy można obli-czyć, ile odrębnych molekuł wchodzi w skład zespołu cząsteczek **EM**.

Przechodząc natomiast do ograniczeń zapisu macierzowego, łatwo zauważyć jego dwie negatywne charakterystyki. Macierz wiązań-i-elektronów **BE** cechuje się znaczną redun-dancją informacji (wskutek podwójnego notowania każdego wiązania), a także dużą liczbą elementów o wartości zero. W macierzy **BE** cząsteczki acetonu, zera stanowią **81%** wszystkich elementów macierzy. Dlatego wprowadzono [Gasteiger, 2003] oszczędniejszy (bardziej zwięzły) sposób opisu struktury związków chemicznych w ramach modelu **D-U**, polegający na zastosowaniu **listy atomów** (ang. *list of atoms*) oraz **listy wiązań** (ang. *list of bonds*). W skład listy atomów (oznaczanej skrótem **LA**), opisującej stan walencyjny poszczególnych atomów cząsteczki, wchodzi wektor atomowy i wektor wolnych elektro-nów (jest to przekątna macierzy **BE**). Natomiast lista wiązań (**LB**), zawierająca dane o nie-diagonalnych i niezerowych elementach macierzy **BE**, opisuje sposób połączenia atomów wiązaniami kowalencyjnymi. Na **Rys. 5-2** przedstawiono listę atomów i listę wiązań czą-steczki acetonu (numery atomów są takie same jak na **Rys. 5-1**). Informację o wiązaniach chemicznych odczytuje się w **LB** kolumnami. Przykładowo, pierwsza kolumna podaje in-formację o wiązaniu (pojedyncze) pomiędzy atomami o identyfikatorach **1** oraz **2**, to zna-czy koduje wiązanie $C^1 - C^2$. Opis struktury acetonu za pomocą wspomnianych list wyma-ga rezerwacji jedynie **47** elementów, podczas gdy pełna macierz **BE** tej cząsteczki zawiera ich **110**; oszczędność rezerwacji wynosi ok. **43%**.

Wydaje się, że przedstawiony tu opis właściwości macierzy wiązań-i-elektronów oraz macierzy reakcji **R** jest wystarczający; w rzeczywistości więcej uwagi poświęca się listom atomów oraz listom wiązań, stosowanym aktualnie do zapisu struktury cząsteczek w systemach do projektowania syntez chemicznych. Jednak poszanowanie tradycji dotyczącej koncepcji modelu **D-U**, nadal powoduje posługiwanie się w dyskusjach (a także nawet w tekstach publikacji) pojęciem macierzy, mimo iż struktury substancji organicznych są reprezentowane za pomocą list atomów i list wiązań, zaś faktycznymi odpowiednikami macierzy reakcji są generatory reakcji.

LA =

nr kolumny = nr atomu	1	2	3	4	5	6	7	8	9	10
rodzaj atomu	C	C	C	O	H	H	H	H	H	H
liczba wolnych elektronów	0	0	0	4	0	0	0	0	0	0

LB =

nr kolumny	1	2	3	4	5	6	7	8	9
nr 1-go atomu	1	1	1	1	2	2	3	3	3
nr 2-go atomu	2	5	6	7	3	4	8	9	10
rząd wiązania	1	1	1	1	1	2	1	1	1

Rys. 5-2. Lista atomów (LA) oraz lista wiązań (LB) cząsteczki acetonu

Generatory reakcji. Uwagi praktyczne

Powracając do liczby macierzy reakcji **R,** zadeklarowanych przez twórców modelu macierzowego i uzupełnionych wspomnianymi pracami Barta oraz Garagnaniego, należy odnotować, że zupełnie nowe możliwości modelu macierzowego uzyskano dzięki opracowaniu i implementacji **8** dodatkowych generatorów reakcji [Hippe, 2011], tworzących przemiany chemiczne wykraczające poza chemię zamknięto-powłokową. Przemiany te przebiegają z udziałem wolnych rodników, jonów, par oraz luk elektronowych. Ponadto, nałożenie na model **D-U** formalizmu zdrowego rozsądku i operacji rozmycia grafów molekularnych, nadało modelowi nową jakość.

Generator opisujący reakcję termicznego rozpadu acetonu pokazano na **Rys. 5-3**. Informacje potrzebne do wykonania przemiany chemicznej, zakodowane są kolumnami: kod w pierwszej kolumnie oznacza rozerwanie wiązania pojedynczego pomiędzy atomami o identyfikatorach **1** oraz **5**, zaś kolumna czwarta przenosi informację o utworzeniu nowego wiązania pojedynczego między atomami o identyfikatorach **3** oraz **5**:

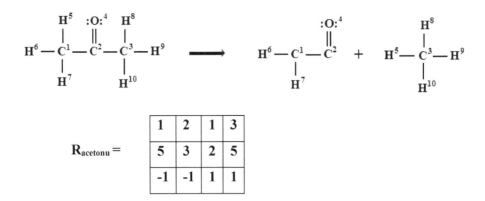

$$R_{acetonu} = \begin{array}{|c|c|c|c|} \hline 1 & 2 & 1 & 3 \\ \hline 5 & 3 & 2 & 5 \\ \hline -1 & -1 & 1 & 1 \\ \hline \end{array}$$

Rys. 5-3. Generator reakcji rozpadu acetonu do związku $H_2C = C = O$ i metanu

Budowa generatora reakcji: $CH_3 - CO - CH_3$ $\xrightarrow{\text{temperatura}}$ $CH_2=C=O + CH_4$ narzuca wniosek, że każdy generator jest w istocie rzeczy trójwierszową macierzą. W celu ujednolicenia dalszego toku dyskusji, zastosowano tylko ogólne określenie *generator*, a jego właściwości i funkcje są przedstawiane za pomocą zapisu bliskiego przyzwyczajeniom chemików, bez naruszania zasad obowiązujących w informatyce.

Najważniejszym – w sensie projektowania syntez chemicznych – jest generator **2 – 2** (wymawiamy: generator dwa dwa), oznaczający rozerwanie *dwóch* wiązań i utworzenie *dwóch* wiązań:

$$A - B + C - D \begin{cases} A - C + B - D \\ A - D + B - C \end{cases}$$

W przedstawionym powyżej zapisie, obiekty **A**, **B**, **C** oraz **D** nie są atomami, lecz fragmentami cząsteczek; jednak fragmenty te mogą się znajdować nawet w jednej tylko molekule. Dopuszczalne są dwie permutacje generatora (macierzy reakcji); nadano mu nazwę typ **R1**. Rozrywane wiązania są wiązaniami czynnymi, automatycznie rozpoznawanymi w kodzie maszynowym wzoru strukturalnego analizowanej cząsteczki, przez algorytmy identyfikacji podstruktur. Generator ten pokrywa blisko **51%** reakcji, znanych we współczesnej syntezie organicznej.

Kolejnym ważnym instrumentem transformacji, jest generator **3 – 3**; powoduje rozerwanie *trzech* wiązań i utworzenie *trzech* wiązań, na przykład:

$$A - B + C - D + E - F \longrightarrow A - C + D - E + B - F$$

Dopuszczalnych jest osiem permutacji; jest to generator (macierz reakcji) nazwany **R2**. Fragmenty **A**, **B**, **C**, **D**, **E**, **F** mogą być zlokalizowane w różnych kombinacjach zespołów cząsteczek (może to być również jedna molekuła). Generator typu **R2** obejmuje około **20%** reakcji współczesnej syntezy organicznej.

Trzeci z generatorów odwzorowujących dużą liczbę reakcji organicznych (typ **R21**) tworzy zbiór reakcji chemicznych, w których następuje tzw. *zmiana walencyjności*. Obiekt chemiczny, posiadający w swoim składzie atom węgla z wolną parą elektronową (**C:**), wymusza rozerwanie pojedynczego wiązania kowalencyjnego oraz „wciska" się pomiędzy rozrywane fragmenty **A – B**, tworząc nowy ciąg połączeń **A – C – B**. Generator ten pokrywa w przybliżeniu **7%** znanych reakcji organicznych:

$$A - B + C: \longrightarrow A - C - B$$

Podsumowując dotychczasowe rozważania można stwierdzić, że oryginalna wersja modelu macierzowego, dotycząca wyłącznie zagadnień chemii konstytucyjnej (pełny oktet elektronów walencyjnych, możliwość tworzenia jedynie wiązań kowalencyjnych pojedynczych, podwójnych lub potrójnych), umożliwia planowanie przekształceń chemicznych, obejmujących:

1. reakcje, których nawet powierzchowna ocena wskazuje na pełną możliwość ich realizacji w laboratorium,

2. reakcje, które wykazują wysoki stopień pomysłowości i prowadzą do interesujących spostrzeżeń na temat podatności rozpatrywanego związku do ulegania określonym przemianom chemicznym. Często mogą to być przemiany niebrane w ogóle pod rozwagę, wymagające starannego sprawdzenia i oceny, z sięgnięciem do oryginalnych danych literaturowych,

3. reakcje, które wydają się nierealne albo zbyt skomplikowane do urzeczywistnienia w aktualnym stanie wiedzy.

Ta wręcz fantastyczna możliwość planowania syntez chemicznych, była (i jest!) oceniana przez chemików z rezerwą i ostrożnością, wynikającą przypuszczalnie z oddziaływania tzw. czynnika ludzkiego [WWW-7, 2014]. Chodzi tu o opory intelektualne, związane z zaakceptowaniem nieortodoksyjnego pomysłu, niezwykle nowatorskiego, lecz naruszającego tradycyjne kanony chemii organicznej. Pogląd ten można zilustrować przykładem działania wybranego (tego samego) generatora **2 – 2**, w zastosowaniu do symulacji zupełnie odmiennych (w tradycyjnym sensie) reakcji, tj. reakcji *addycji* oraz reakcji *substytucji* (**Rys. 5-4**).

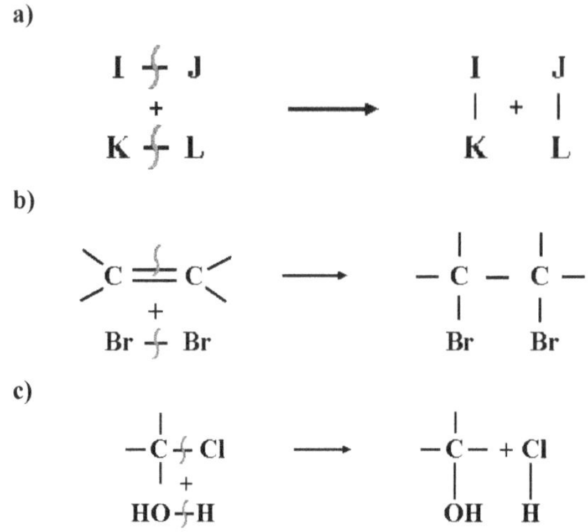

a)

b)

c)

Rys. 5-4. Generator 2-2 w symulacji transformacji chemicznych: a) ideowe wyobrażenie generowania jednej z możliwych permutacji (drugą permutację tworzą związki: I – L oraz K – J. b) generowanie reakcji *addycji* **cząsteczki bromu do podwójnego wiązania. c) generowanie reakcji** *substytucji* **atomu chloru grupą wodorotlenową**

Model macierzowy chemii konstytucyjnej umożliwia uzyskanie jeszcze innych informacji o symulowanych/generowanych reakcjach. Jedną z niezwykle ciekawych cech modelu jest wprowadzenie pojęcia **dystansu chemicznego** (ang. *chemical distance*), który jest równy liczbowo sumie bezwzględnych wartości elementów macierzy **R**, opisującej przekształcenie macierzy **B** w macierz **E**. Zatem wartość dystansu chemicznego wskazuje liczbę elektronów walencyjnych, biorących udział w reakcji. Przyjmuje się, że te reakcje chemiczne są uprzywilejowane, dla których dystans chemiczny między macierzami **BE** substratów oraz produktów jest najmniejszy. Postulat *minimalnego dystansu chemicznego* można uznać za matematyczne sformułowanie zasady najmniejszych zmian strukturalnych, obowiązującej w chemii organicznej [Kemula, 1975].

Wydaje się, że zagadnienia przedstawione w tej części monografii umożliwiają podjęcie dyskusji nad ogólnymi strategiami planowania syntez w chemii organicznej. Zajrzyjmy zatem do następnego rozdziału.

ROZDZIAŁ 6

Strategie planowania syntez w chemii organicznej. Wybrane zagadnienia

Niniejszy rozdział dotyczy dwóch, ściśle ze sobą związanych problemów komputerowego wspomagania planowania syntez chemicznych. Są to: wybór optymalnej strategii syntezy oraz ocena jakości wygenerowanych dróg syntez. W odniesieniu do sprawy oceny jakości utworzonych ścieżek syntez, należy pamiętać o dualizmie tego zagadnienia: w projektowaniu transformacji chemicznych można stosować wersję modelu macierzowego, przeznaczoną wyłącznie do zagadnień chemii konstytucyjnej (docelowa cząsteczka posiada pełny oktet elektronów walencyjnych, tworzone są tylko pojedyncze, podwójne lub potrójne wiązania kowalencyjne), albo można użyć wersję modelu **D-U**, obejmującą przemiany przebiegające z udziałem wolnych rodników, jonów, par oraz luk elektronowych. Obydwie możliwości wymagają jednak oceny *manualnej*, dokonanej przez człowieka, a nie przez system informatyczny). Wynika to z poglądu, że uzyskane wyniki planowania syntez są dla naukowca/studenta podpowiedzią sumy idei: *w jaki sposób można sensownie przeprowadzić syntezę docelowej substancji?* Idee te tworzą zręby wiedzy, odwołującej się do wykształcenia, horyzontów myślowych oraz umiejętności zawodowych osoby, oceniającej wyniki zastosowania modelu **D-U** w projektowaniu syntez chemicznych.

Podsumowując dotychczasowe rozważania podane w końcowej części poprzedniego rozdziału, wydaje się, że szczególnie wartościowe (dla obydwu wersji modelu **D-U**) mogą być wyniki planowania transformacji należące do drugiej – z wymienionych uprzednio – kategorii. Dotyczy to prognoz reakcji, które wykazują wysoki stopień pomysłowości i prowadzą do interesujących spostrzeżeń na temat podatności rozpatrywanego związku do ulegania określonym przemianom chemicznym. Często mogą to być przemiany, których nie brano w ogóle pod rozwagę, wymagające starannego sprawdzenia i oceny, z sięgnięciem do oryginalnych danych literaturowych. Takie podejście determinuje nasze dalsze rozważania o wyborze optymalnej strategii syntezy w **CASD**.

Wybór optymalnej strategii syntezy w CASD

Precyzyjne zdefiniowanie pojęcia optymalnej strategii syntezy jest kłopotliwe, z uwagi na rozbieżne często wymagania stawiane systemom do **CASD**, dostarczającym informacji o ścieżkach syntezy (możliwych/dopuszczalnych) interesującej nas substancji chemicznej. Inne kryteria oceny strategii syntezy danego związku organicznego mogą mieć znaczenie w przypadkach **badań i rozwoju** (ang. *research-and-development*, **R&D**), zaś inne – gdy celem symulacji jest synteza przemysłowa. W ostatecznej ocenie musimy skupić się na zapewnieniu łatwości tworzenia podcelów, które w jednej, znanej transformacji mogą być przekształcone w związek docelowy (domyślnie – **TGT**). Ogólnie biorąc, sytuacja ta nawiązuje do tworzenia drzewa syntez, opisanego w *Rozdziale 2*. Dodatkową komplikację wnosi sam sposób formowania podcelów syntezy, mający istotny wpływ na generowanie drzewa – **wstecz** (ang. *backwards*) lub **w przód** (ang. *forwards*) – narzucający konieczność stosowania odmiennych kryteriów oceny [Krawiec oraz Stefanowski, 2003; Grzymała-Busse, Hippe, Knap i inni, 2004]. W istocie rzeczy chodzi jednak o sformułowanie ogólnych i uniwersalnych zasad, dogodnych z punktu widzenia chemika, użytkownika systemu do **CASD**. Zasady te, przynajmniej we wstępnej fazie, powinny być przystosowane do oceny drogi syntezy zgodnej z jej naturalnym przebiegiem (tokiem realizacji) w warunkach laboratoryjnych. Wydaje się, że wstępnie można zdefiniować optymalną strategię syntezy następująco (patrz **Definicja 6-1**).

Definicja 6-1.
• optymalną strategią syntezy jest taki ciąg transformacji chemicznych, który prowadzi – z możliwie największą wydajnością – od łatwo dostępnego substratu (substratów) do pożądanego związku docelowego (dotyczy to generowania drzewa *w przód*); *lub*
• optymalną strategią syntezy jest taki ciąg przemian chemicznych, który odnosi się do wyboru najlepszej sekwencji logicznych przekształceń cząsteczki-celu i kolejnych podcelów, prowadzących do łatwo dostępnego substratu lub cząsteczki chemicznej, której metody otrzymywania są dobrze poznane (generowanie drzewa *wstecz*).

Analizując przedstawione warianty definicji optymalnej strategii syntezy (w odniesieniu do kierunku rozwoju drzewa, *w przód* lub *wstecz*) – napotykamy natychmiast podstawową trudność, związaną z rozmiarami przestrzeni stanów oraz z możliwością jej przeszukania. Łatwo zauważyć, że prawidłowy wybór optymalnej strategii syntezy może być dokonany jedynie w wyniku *globalnej* analizy wszystkich istniejących rozwiązań, co oznacza konieczność uprzedniego wygenerowania pełnego (kompletnego) drzewa. Z rozważań przedstawionych w *Rozdziale 3* wynika, że najczęściej nie jest to możliwe, z uwagi na zbyt duże rozmiary przestrzeni rozwiązań lub/oraz z powodu ograniczonej szybkości realizacji operacji arytmetycznych i logicznych przez powszechnie dostępne systemy przetwarzania danych. Zatem optymalna (?) strategia syntezy zostaje wyznaczona na podstawie *lokalnej* analizy jakości *prognoz* tworzenia podcelów danej generacji, bez uwzględniania informacji o podcelach położonych na innych poziomach drzewa. Oznacza to, że na przykład w procesie rozwoju drzewa syntez *wstecz*, wybór pierwszej transformacji (dla każdego podcelu z *n* możliwych) jest dyktowany wyłącznie parametrami cząsteczki-celu, z pominięciem skutków implikowanych strukturą podcelów kolejnych (późniejszych) generacji. Może się zdarzyć, że obiecująca formalnie strategia (w stosunku do docelowej cząsteczki) prowadzi do podcelu, dla którego nie można wybrać odpowiedniego operatora przekształceń (reakcji chemicznej); wtedy droga syntezy pomyślnie rozwijana w pierwszym etapie syntezy, zostanie natychmiast zablokowana. I odwrotnie, strategia nierokująca specjalnej nadziei na pierwszym poziomie drzewa, zatem podlegająca szybkiemu wyeliminowaniu, mogłaby – po rozpatrzeniu kolejnych etapów – okazać się całkiem zadawalającym punktem zapoczątkowania efektywnego planu syntezy. W celu uniknięcia tych niebezpieczeństw, ustala się dla każdego węzła drzewa syntez, tzn. dla docelowej cząsteczki i każdego z kolejno tworzonych podcelów, co najmniej kilka rozsądnych strategii i realizuje ich wykonanie. W ten sposób można względnie prosto ustalić lokalną hierarchię priorytetów wybranych strategii, kontrolując jednocześnie proces wzrostu drzewa syntez. Rozmiar tego drzewa jest zazwyczaj skorelowany z oczekiwanym prawdopodobieństwem, że wśród wygenerowanych dróg syntez, przynajmniej jedna będzie obiecująca, tzn. zasługująca na laboratoryjną weryfikację. Lokalna analiza jakości wybranych (a ściślej, analiza i ocena podcelów utworzonych w danym węźle wskutek zastosowania tych strategii), a także eliminacja mniej obiecujących rozwiązań, prowadzi do utworzenia drzewa syntez o rozmiarach wyraźnie ograniczonych w stosunku do drzewa pełnego. Przyjmuje się jednocześnie, iż to ograniczone drzewo zawiera ścieżki, z których co najmniej część należy uznać za wartościowe. Musimy jednak pamiętać, że omawiana metodologia może być obarczona znacznym ryzykiem niepowodzenia.

Definicja 6-2.
• optymalna strategia komputerowego projektowania syntezy zadanej cząsteczki organicznej, będzie to taki sposób rozwijania jej drzewa syntez, który przy możliwie najmniejszych rozmiarach drzewa (określonych liczbą generacji podcelów oraz liczbą podcelów w każdej z nich) zagwarantuje możliwie największą liczbę obiecujących dróg syntez.

Wydaje się, że po dokonanym w CZĘŚCI I-ej podręcznika naświetleniu niektórych możliwości i ograniczeń metod współczesnej sztucznej inteligencji, można teraz ulepszyć podaną na początku rozdziału definicję optymalnej strategii w komputerowym wspomaganiu planowania syntez organicznych (patrz **Definicja 6-2**).

W celu nadania tej definicji zdolności operacyjnej, należy wskazać kryteria, które mogą być zastosowane w ustalaniu lokalnej (dla poszczególnych węzłów) hierarchii strategii.

Dosyć istotną rolę odgrywa tu przewidywana *wydajność reakcji*; duża wydajność poszczególnych reakcji w wieloetapowej drodze syntezy może właśnie determinować optymalną strategię. Sprawa ta jednak nie jest prosta, gdyż sama metodyka prognozowania wydajności reakcji organicznych dotychczas nie uzyskała wystarczająco dobrze ugruntowanych podstaw teoretycznych, umożliwiających wykorzystanie jej z pełnym zaufaniem w systemach do **CASD**. Natomiast zastosowanie empirycznych metod prognozowania wydajności reakcji, z uwagi na małą dokładność, nie wydaje się być pomocne w wyborze optymalnych strategii, zwłaszcza w odniesieniu do wieloetapowych dróg syntez. Niezależnie od tych komplikacji, zdarza się konieczność wyeliminowania z planu syntez reakcji, które pomimo dużej wydajności – przebiegają np. z utworzeniem silnie toksycznych produktów, lub których realizacja (w skali laboratoryjnej czy przemysłowej) wymaga szczególnych warunków technicznych (np. ekstremalnie wysokie lub niskie temperatury lub/oraz ciśnienia). I przeciwnie, czasem musimy dopuścić wykorzystanie reakcji o bardzo małej wydajności (nawet < niż **1%**!), niezbędnej do skompletowania wieloetapowej drogi syntezy związku chemicznego o szczególnej wartości, na przykład obiecującego leku przeciwnowotworowego.

Podczas doboru strategii nie można także pominąć innych parametrów, które mogą istotnie zmienić plan syntezy. Pewne znaczenie mogą mieć choćby *czynniki ekonomiczne*, narzucające wybór strategii o mniejszym priorytecie, ale opartej na tańszych reagentach i katalizatorach. Szczególnym parametrem decydującym o wyborze określonej drogi syntezy jest sytuacja w zakresie *prawa patentowego* w chemii. Zastrzeżenia patentowe nie mogą dotyczyć struktury chronionego patentem związku, a jedynie mogą zastrzegać metodę(y) jego syntezy. Z tego względu oczekuje się, że wybrany przez użytkownika plan transformacji umożliwi uzyskanie *szczelnej* blokady patentowej, lub wykrycie rozsądnych metod *obejścia* zastrzeżeń, dotyczących syntezy docelowej substancji.

Z przedstawionych rozważań jednoznacznie wynika postulat, by *użytkownik* stosował zasadę interaktywnego wyboru strategii – według jego/jej potrzeb – podczas tworzenia (lub wyboru) planu syntezy danego związku chemicznego. Jedynie w takim przypadku mamy do czynienia z kreatywnym planowaniem syntez; proces tworzenia planu jest intelektualnie kontrolowany przez chemika, natomiast sam komputer (ściśle: model informatyczny **D-U**) realizuje wiele dobrze zdefiniowanych operacji, przekraczających psychofizyczne możliwości nawet bardzo uzdolnionego człowieka (szybkie oraz precyzyjne obliczanie ciepeł reakcji, wyczerpujące przewidywanie dopuszczalnych permutacji przekształceń cząsteczki, itd.).

Koncepcja interaktywności wyboru strategii umożliwia ingerencję użytkownika w sposób doboru kolejnych etapów planu syntezy. Co więcej, wskazanie przez człowieka **reaktywnego centrum** (ang. *reacting site*) w cząsteczce (rozrywane podczas przemiany wiązania, uczestniczące w transformacji fragmenty cząsteczki, wolna para lub luka elektronowa, rodnik itp.), umożliwia manualną realizację scenariusza **WHAT** … **IF** (**CO** nastąpi **JEŻELI** zastosujemy …), ważnego schematu działania współczesnych systemów podejmowania decyzji [Zieliński, 2000].

Próby generowania wiarygodnego drzewa syntez w sposób całkowicie automatyczny (tj. bez ingerencji człowieka), z *a priori* ustalonym kryterium selekcji strategii, nie sprawdziły się [WWW-9, 2014]. W oczywisty sposób próby takie nawiązywały do dawnych koncepcji działania systemów informatycznych do **CASD**, które zgodnie z upowszechnianymi niegdyś wyobrażeniami, powinny prawie natychmiast oraz w sposób całkowicie samoczynny, dostarczyć gwarantowany plan syntezy wraz z wszelkimi szczegółami technologicznymi.

W dotychczasowej dyskusji kwestii wyboru optymalnej strategii syntezy związków organicznych, poruszono jedynie chemiczne aspekty tego zagadnienia. Z punktu widzenia sztucznej inteligencji, wybór ten może się raczej kojarzyć z samym sposobem generowania domyślnego drzewa syntez, a zatem z metodyką tworzenia podcelów, taką, aby możliwie efektywnie zmniejszyć rozmiary przestrzeni rozwiązań, nie eliminując jednocześnie wartościowych dróg syntez. W *Rozdziale 2* wykazano, że wybór korzystnej strategii syntezy, posiadającej znamiona wymaganej ogólności, będzie nawiązywał do wstecznego rozwijania drzewa syntez, jako jednego z najważniejszych sposobów redukcji problemów. Można zatem oczekiwać, że wybór strategii syntezy – w kontekście rozwoju *wstecz* wspomnianego, domyślnego drzewa syntez – będzie bardziej skuteczny od prób budowania planu syntezy z zastosowaniem generowania *w przód*. Opierając się na tym spostrzeżeniu możemy przyjąć założenie, że strategia syntezy związków organicznych stosując model **D-U** (z wariantem lokalnej oceny wartości podcelów) powinna spełniać następujące warunki logiczne:

Warunek logiczny A: strategia syntezy związku organicznego powinna wynikać z zamysłu tworzenia domyślnego drzewa syntez, rozwijanego przez generowanie podcelów metodą *wstecz*;

Warunek logiczny B: na każdym poziomie domyślnego drzewa syntez, w procesie generowania podcelów strategia powinna wykorzystywać operatory przekształceń (retroreakcje), upraszczające strukturę syntezowanej substancji;

Warunek logiczny C: operatory przekształceń powinny przede wszystkim atakować centralną część przetwarzanej struktury.

Poszczególne przesłanki uogólnionej strategii planowania syntez chemicznych wymagają krótkiego uzasadnienia.

Przesłanka generowania podcelów wstecz, stanowiąca punkt wyjścia uogólnionej strategii planowania syntez chemicznych, wynika bezpośrednio z podstaw teorii **algorytmów na grafach** (ang. *graph algorithms*). Przesłanka ta ma istotne uzasadnienie w coraz powszechniej stosowanej praktyce takiego właśnie sposobu rozwiązywania problemów przez profesjonalistów z dziedziny projektowania syntez organicznych. Zainicjowane przez Coreya [WWW-1, 2014] retrosyntetyczne (w przeciwnym kierunku do normalnego toku realizacji reakcji chemicznych w laboratorium) planowanie syntez, weszło obecnie na trwałe do *curriculum* akademickiego w wielu uniwersytetach, i stało się już rutyną w licznych ośrodkach naukowych. Bardziej szczegółową analizę literatury z tego zakresu, w odniesieniu do fazy wprowadzania tej procedury, podano w [Hippe, 1993].

Przesłanka upraszczania struktury wiąże się z wymogiem stosowania operatorów (tj. retrosyntetycznych transformacji), upraszczających struktury chemiczne podczas prawie każdego etapu tworzenia kolejnych generacji podcelów. Przesłanka wydaje się być łatwa do uzasadnienia; planowanie syntezy związków organicznych w taki właśnie sposób wynikało ze spostrzeżenia, że ważne dla człowieka substancje chemiczne (w tym związki służące ochronie zdrowia; liczbę ich ocenia się w przybliżeniu na ok. 500-1000), natura utworzyła z niewielkich podstawowych cząsteczek, zawierających zaledwie kilka atomów węgla. Tak więc upraszczająca struktury retrosynteza jest jakby odwzorowaniem toku naturalnych procesów chemicznych, w których z małocząsteczkowych elementów powstają stopniowo potrzebne nam do życia substancje. Planując syntezę chemiczną zgodnie z omawianą przesłanką, oczekujemy stopniowego upraszczania się struktur, aż do momentu osiągnięcia podcelów powszechnie dostępnych lub takich, których metody syntezy są już opanowane.

Bliższe naświetlenie dyskutowanego zagadnienia – z punktu widzenia syntezy organicznej, a nie sztucznej inteligencji – narzuca ważne pytanie: czy rzeczywiście zawsze, w procesie wstecznego rozwijania kolejnych generacji podcelów, następuje upraszczanie struktury? Odpowiedź jest oczywiście negatywna. Często bowiem zdarzają się przypadki, kiedy zastosowanie wybranego operatora przekształceń wymaga uprzedniego wykonania *czynności przygotowujących*, na przykład zablokowania wrażliwych grup funkcyjnych, co komplikuje (przynajmniej przejściowo), a nie upraszcza, strukturę podcelu. Omawiana tu kwestia, którą należy traktować, jako uogólniony przykład, nie narusza jednak generalnej zasady. Warto jeszcze raz podkreślić z całym naciskiem, że głównym zadaniem modelu **D-U** jest kreowanie idei, a nie dostarczenie „całej prawdy" o utworzonych schematach przekształceń. Jeżeli zatem zastosowanie pewnego operatora transformacji formalnie wydaje się być zakazane (właśnie wskutek wykonania pewnych operacji, naruszających zasadę upraszczania się struktur), to można bez większego ryzyka założyć, że użytkownik ma wystarczającą **wiedzę dziedzinową** (ang. *domain knowledge*), pozwalającą mu zmienić odpowiednio strategię oraz samemu dobudować niezbędne ogniwo planowanej retrosyntezy (na przykład poprzez wybór innego wiązania (fragmentu) do rozerwania, ochronę grupy funkcyjnej, itp.). Należy także pamiętać, że pojęcie *upraszczanie struktury* ma w chemii specyficzny sens, odbiegający swoim znaczeniem od rozpowszechnionych w **AI** aksjomatów. Uprasz-

czanie się struktury może w najprostszym przypadku polegać na logicznym rozpadzie przetwarzanej cząsteczki na fragmenty składowe, odtwarzające w przemianie o kierunku zgod-
nym z naturalnym biegiem reakcji chemicznej wymagany (z punktu widzenia syntezy)
fragment docelowej cząsteczki. Ilustracją tego przypadku jest transformacja, odwzorowują-
ca generowanie *wstecz* reakcji Dielsa-Aldera (**Rys. 6-1**).

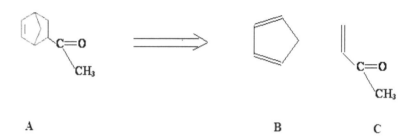

Rys. 6-1. Struktura cząsteczki A została retro-syntetycznie uproszczona, rozpadając się na dwa fragmenty B oraz C. Podczas reakcji chemicznej fragmentów (cząsteczek chemicznych) B i C, odwzorowującej
przebieg reakcji Dielsa-Aldera, utworzy się molekuła A

Bardziej skomplikowaną formę upraszczania struktur chemicznych obrazuje *specyficzna*
reakcja syntezy pierścienia pięcioczłonowego, mianowicie reakcja Magnussona (reakcja
zmniejszenia pierścienia sześcioczłonowego w pięcioczłonowy) [Magnusson, 1978]. Pięcioczłonowy pierścień w docelowej cząsteczce (**TGT**) na **Rys. 6-2**, spełnia wymagane
przesłanki logiczne przebiegu reakcji (obecność podstawników **–CHO** oraz **–OH** na sąsia-
dujących ze sobą pierścieniowych atomach węgla). Zatem retro-utworzenie pierścienia
sześcioczłonowego z pierścienia pięcioczłonowego – pomimo powiększenia się struktury
podcelu – uznaje się za uproszczenie struktury, ponieważ łatwiej (ogólnie) zrealizować
syntezę pierścieni 6-członowych niż 5-członowych. Oczywiście synteza pierścienia pięcioczłonowego tą metodą dotyczy także sytuacji, gdy stanowi on fragment rozbudowanych
cząsteczek chemicznych.

Przesłanka stosowania operatorów przekształceń głównie w odniesieniu do centralnego
fragmentu przetwarzanej struktury jest konsekwencją spostrzeżenia, że skuteczny plan syntezy związku organicznego powinien przede wszystkim wskazywać rozwiązanie problemu
budowy podstawowego szkieletu węglowego docelowej struktury. Przesłanka ta wynika
również z faktu, że kontrolowana synteza wiązania węgiel–węgiel, z zamysłem utworzenia
podstawowych zrębów głównego szkieletu cząsteczki, jest z punktu widzenia metodologii
syntezy chemicznej operacją na ogół bardzo trudną; należy ją zatem przeprowadzać w po-

cząstkowych etapach planu. Natomiast wprowadzanie peryferyjnych fragmentów strukturalnych, tzn. różnych podstawników, grup funkcyjnych itp., odbywać się winno w dalszych
etapach planu, ponieważ fragmenty te są zazwyczaj „wbudowywane" dopiero po utworzeniu głównego szkieletu molekuły lub są przenoszone w całości, jako elementy struktury
stosowanych substratów. Zasada wyboru operatorów przekształceń atakujących centralny
fragment przetwarzanego obiektu chemicznego jest ściśle sprzężona z przesłanką konieczności upraszczania struktury podczas wstecznego generowania podcelów. Omawiany poprzednio przykład retro-przemiany (**Rys. 6-1**) jednakowo dobrze ilustruje obydwie przesłanki, mamy bowiem tutaj zarówno zastosowanie operatora upraszczającego strukturę
docelowej cząsteczki (***warunek logiczny B***), jak i zastosowanie operatora atakującego centralny fragment przetwarzanej substancji (***warunek logiczny C***).

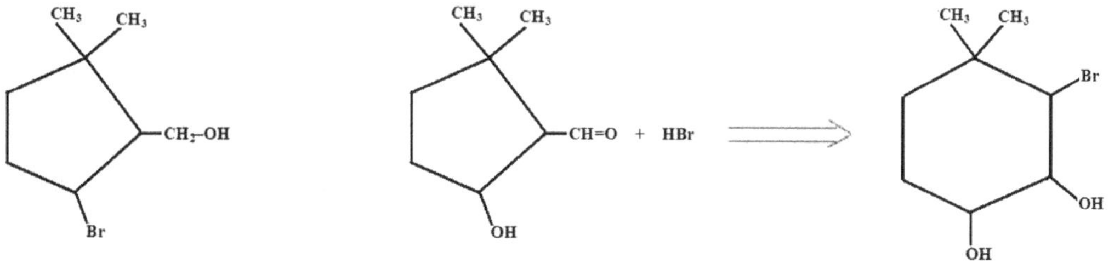

Rys. 6-2. **Zmniejszenie (kontrakcja) pierścienia sześcioczłonowego do pięcioczłonowego w reakcji Magnussona. Docelowa cząsteczka (TGT) zostanie utworzona z molekuły (Podcel) w obecności katalizatora
Li. Natomiast cząsteczka M, strukturalnie podobna do (TGT), nie podlega bezpośrednio reakcji; wymaga
uprzedniego przygotowania. Dziedzinowy ekspert powinien wskazać, że grupa funkcyjna –CH2–OH
musi zostać utleniona do grupy –CH=O, zaś atom bromu wymieniony na grupę –OH**

Zbliżając się do zakończenia dyskusji uogólnionej strategii planowania syntez organicznych, należy dokładniej opisać sam proces wyboru właściwych operatorów przekształceń
(w domyśle – generatorów reakcji); spróbujmy także nadać sprawie wyboru **miejsca reakcji** (ang. *reaction site*) bardziej ogólny charakter. Pojęcie ***operator przekształceń***, wprowa-
dzone przez osoby nie zajmujące się problematyką stosowania modelu **D-U**, w odniesieniu
do kierunku syntezy organicznej może mieć dwojakie znaczenie. W przypadku planowania
syntezy metodą ***w przód***, jest zbieżne z powszechnie rozumianym kierunkiem przebiegu
reakcji chemicznych. Jednak, gdy podcele tworzone są metodą retro-syntezy, operator
przekształceń oznacza stosowanie generatora reakcji tworzącego ***zbiór podcelów***, w uzależ-
nieniu od wskazanych miejsc reakcji.

Wybór właściwego operatora transformacji zależy od charakterystyki strukturalnej przetwarzanej cząsteczki, implikującej jej chemiczne właściwości. Synteza organiczna oraz **informatyka chemiczna** (ang. *chemical informatics*, także *computer chemistry*) ukształtowały tutaj nieco odmienną terminologię. W potocznym języku opisu właściwości chemicznych związków organicznych, używa się takich określeń, jak na przykład „czynny wodór", „reaktywny atom", „reaktywna grupa chemiczna", czy „reaktywne wiązanie". W informatyce chemicznej posługujemy się raczej pojęciem miejsca reakcji, przy czym – jak wspomniano uprzednio – może to być rozrywane wiązanie, atom z wolną parą elektronową, atom z luką elektronową czy atom (lub zbiór atomów) z niesparowanym spinem w orbitalu molekularnym (rodnik). Wybrane miejsce reakcji może wykazywać ogromnie zróżnicowaną podatność na uleganie określonym przemianom chemicznym, zależnie od otoczenia molekularnego (bliższego i dalszego). Podczas wyboru miejsca reakcji oraz sprzężonego (sprzężonych) z nią operatora (operatorów) przekształceń, musimy brać pod uwagę obydwa czynniki: charakter samego miejsca reakcji, a także wpływ otoczenia molekularnego na jego właściwości. W niniejszej monografii zagadnienia wyboru: miejsc reakcji, operatorów transformacji oraz wybranych parametrów symulacji reakcji, realizuje system informatyczny **CSB** (patrz **Załącznik A**).

Wyniki symulacji wybranych reakcji organicznych są pokazane w postaci zrzutów kolejnych ekranów, przy czym celowo wybrano dane dotyczące:

1. modelu Ugi'ego-Dugundji'ego (model preferowany do odkrywania nieznanych dotychczas reakcji chemicznych);

2. modelu zdrowego rozsądku (nałożenie na model Ugi'ego-Dugundji'ego algorytmu zdrowego rozsądku, odwzorowującego tok myślowy doświadczonego chemika podczas *manualnego* przewidywania przebiegu reakcji organicznych); oraz

3. modelu podobieństwa, który wykorzystuje wyniki uczenia maszynowego systemu **CSB**. Zadaniem Studenta/Czytelnika jest przeprowadzenie (w kolejnych *Ćwiczeniach*) weryfikacji i walidacji sugerowanych planów syntez, posługując się własną, pogłębianą wiedzą, wykorzystując także udostępniony w sieci Internet (w postaci pdf na stronie oznaczonej symbolem *Free Science Books*) podręcznik: S. Warren, P. Wyatt: ***Organic Synthesis: The Disconnection Approach***, Wiley, 2nd Edition, © 2009, ISBN: 976-0-470-71236-8.

Natomiast teraz rozważmy koncepcję algorytmu zdrowego rozsądku, stosowaną w systemach do **CASD**, w odniesieniu do modelowania reakcji organicznych. W wielu systemach tego typu stosuje się listę *a priori* zdefiniowanych fragmentów strukturalnych (podstruktur), zapoczątkowujących retro-syntetyczne przemiany cząsteczek chemicznych. Realizacja omawianego algorytmu polega na stwierdzeniu, które z podstruktur z listy miejsc reakcji są zawarte w przetwarzanej cząsteczce, przy spełnieniu dodatkowych warunków logicznych (nie wystarcza na przykład sama obecność danego fragmentu strukturalnego; dodatkowo muszą być spełnione inne warunki, choćby ściśle zdefiniowana lokalizacja miejsc reakcji). Zostaje wygenerowany podzbiór miejsc reakcji, który może być pusty (brak odpowiednich punktów do zapoczątkowania retro-reakcji) albo może zawierać pewną liczbę elementów. Po zdefiniowaniu tego podzbioru, stosuje się kolejno operatory transformacji sprzężone z wykrytymi miejscami reakcji. Łatwo dostrzec, że skuteczność planu syntezy, jego oryginalność i kreatywność ściśle zależą od jakości i kompletności listy miejsc reakcji.

Bardziej korzystnym rozwiązaniem jest zastosowanie zbioru **reguł składniowych** (ang. *decision rules* także *production rules*) wskazujących aktywne miejsca cząsteczki. Zilustrujmy tę dyskusję przykładem reguły (tylko jednej) wskazującej miejsca reakcji w cząsteczkach organicznych, zawierających podwójne wiązanie. A oto składnia reguły:

JEŻELI w przetwarzanej strukturze jest obecna podstruktura

$$\begin{array}{cccc} 1 & 2 & 3 & 4 \\ X & = C & - C & - Z \end{array}$$

(gdzie **X** jest atomem **C** lub heteroatomem, **Z** zaś jest atomem **H**, **C**, lub heteroatomem),

TO nadaj identyfikatory **1**, **2**, **3** oraz **4** kolejnym sąsiadującym ze sobą atomom, rozpoczynając od atomu **X**. Wiązanie między atomem nr **3** a atomem nr **4** jest miejscem zapoczątkowania retro-przemiany.

Analiza rozpatrywanej reguły umożliwia dostrzeżenie istotnej różnicy między dyskutowanym rozwiązaniem a uprzednio opisanym algorytmem przeszukiwania listy wiązań. Miejsca reakcji zdefiniowane są tu w sposób rozmyty, a nie – jak poprzednio – w sposób ściśle sprecyzowany. Element podzbioru miejsc reakcji w ujęciu poprzedniego algorytmu, wskaże tylko jedną podstrukturę zdolną do wskazanej przemiany. Natomiast rozmyta reguła może wskazać większą liczbę miejsc reakcji, gdyż „odliczanie" można przeprowadzić w różnych kierunkach, i rozpocząć od innego atomu (jeśli pozwalają na to warunki topologiczne). I tak na przykład w poniższym fragmencie strukturalnym:

$$
\begin{array}{ccccccc}
 & \mathbf{d} & \mathbf{e} & \mathbf{1} & \mathbf{2} & \mathbf{3} & \mathbf{4} \\
Y - & C - & C - & X = & C - & C - & Z \\
 & & & & | & | & \\
 & & & H - & C & H & \\
 & & & \mathbf{a} & \mathbf{b} & \mathbf{c} &
\end{array}
$$

jedna i ta sama reguła składniowa wskaże cztery potencjalne miejsca reakcji ($3 - 4$, $3 - c$, $a - b$ oraz $d - e$). Reguły umożliwiające dokonanie rozmytego wyboru miejsc reakcji opracowuje się na podstawie uogólnień wielowiekowych doświadczeń empirycznej chemii organicznej.

Rozważania na temat wybranych zagadnień strategii planowania syntez organiczny można najogólniej podsumować, że powinny być uznane za prognozy tworzone interaktywnie z udziałem dziedzinowego eksperta, to znaczy chemika obytego z problemami sztucznej inteligencji lub/oraz informatyki chemicznej (chemii komputerowej). Przypuszczalnie najbardziej wartościowe są prognozy z kategorii „oczywistych", a szczególnie z kategorii „obiecujących"; obydwie grupy prognoz wymagają weryfikacji laboratoryjnej. Zazwyczaj jednak plan syntezy jest oceniany intuicyjnie (ciągły pośpiech i brak czasu!), co oczywiście wiąże się z ryzykiem odrzucenia nieortodoksyjnych transformacji, mało znanych lub całkiem obcych dla chemika.

Znaczną pomocą podczas weryfikacji reakcji mogą być obliczenia wybranych parametrów termodynamicznych symulowanego układu, choćby entalpii reakcji. W przypadku, gdy w obliczeniach tych bierze się pod uwagę czynniki strukturalne (a nie jedynie prostą sumę energii wiązań) i uwzględnia energię naprężeń pierścieni, energię rezonansu itd., wtedy można je zastosować ze znacznym zaufaniem do oceny siły napędowej reakcji, a w konsekwencji całej drogi syntezy. Oceniając plan syntezy na podstawie wyników precyzyjnych obliczeń funkcji termodynamicznych[12], nie należy wybierać silnie endotermicznych retro-reakcji (endotermiczna retro-reakcja jest równoważna egzotermicznej reakcji tego samego rodzaju), gdyż przemiany tego rodzaju mogą prowadzić do prekursorów o tak dużej energii wewnętrznej, że nie można ich w rzeczywistości otrzymać z dostępnych reagentów, lub prekursory te mogą być całkowicie niestabilne. Przeciwny przypadek – wybór retro-reakcji zbyt silnie egzotermicznych – może w realnych warunkach wymagać dostarczenia do układu nieopłacalnie dużych ilości energii z zewnątrz. Wydaje się zatem, że optymalne prognozy dróg syntez organicznych powinny składać się z etapów (reakcji) o stosunkowo niewielkich efektach endo- lub egzo-termicznych.

Jednak projektowanie syntez organicznych nie powinno opierać się wyłącznie na ocenie *łatwości* przebiegu kolejnych reakcji tworzących daną ścieżkę transformacji chemicznych, pośrednio uzewnętrznionej kierunkiem wymiany ciepła z otoczeniem oraz jej liczbowa wartością. Opisywany proces oceny prognozowanych dróg syntez organicznych może być efektywnie ułatwiony oraz wzbogacony sprawdzeniem, jakie inne, uboczne reakcje mogą towarzyszyć zasadniczej przemianie. W sumie, stwarza to dodatkową możliwość oceny „czystości" retro-reakcji, wskazuje reakcje zmniejszające wydajność docelowego produktu, a nawet podsuwa dobremu chemikowi sposoby uprzywilejowania pożądanych transformacji organicznych. Wymieniony aspekt oceny utworzonych planów syntez Student/Czytelnik powinien brać pod uwagę w *Ćwiczeniach*, podczas weryfikacji i walidacji sugerowanych planów syntez.

---

[12] Ten typ obliczeń termodynamicznych realizuje system **CSB**

CZĘŚĆ III
Ćwiczenia literaturowe

WPROWADZENIE

Ćwiczenia literaturowe zestawione w niniejszej monografii dotyczą symulacji reakcji chemicznych, a zatem planów syntez, wymienionych w poniżej tabelce:

Numer ćwiczenia	Model symulacji	Cel symulacji
ĆWICZENIE 1	Ugi'ego-D'gundji'ego	Symulacja produktów reakcji cytralu z acetonem (1-szy etap syntezy witaminy A)
ĆWICZENIE 2	zdrowego rozsądku	
ĆWICZENIE 3	podobieństwa	
ĆWICZENIE 4	Ugi'ego-Dugundji'ego	Symulacja reakcji metabolitów prostaglandyny PGI2
ĆWICZENIE 5	zdrowego rozsądku	
ĆWICZENIE 6	podobieństwa	
ĆWICZENIE 7	Ugi'ego-Dugundji'ego	Symulacja reakcji metabolitów VIAGRY
ĆWICZENIE 8	zdrowego rozsądku	

Jak wspomniano w zakończeniu *Rozdziału* 6 (*Strategie planowania syntez w chemii organicznej. Wybrane zagadnienia*), kwestię wyboru miejsc reakcji, operatorów transformacji oraz wybranych parametrów symulacji reakcji, realizuje system informatyczny **CSB**. Wyniki symulacji wybranych reakcji organicznych są pokazane w postaci zrzutów kolejnych ekranów. Zadaniem Studenta/Czytelnika jest przeprowadzenie (w kolejnych *Ćwiczeniach*) weryfikacji i walidacji sugerowanych planów syntez, posługując się własną, pogłębianą wiedzą, wykorzystując także udostępniony w sieci Internet (w postaci pdf na stronie oznaczonej symbolem *Free Science Books*) podręcznik: S. Warren, P. Wyatt: *Organic Synthesis: The Disconnection Approach*, Wiley, 2nd Edition, © 2009, ISBN: 976-0-470-71236-8.

ĆWICZENIE 1

Weryfikacja i walidacja reakcji cytralu z acetonem.
Model Ugi'ego-Dugundji'ego (D-U)

Zamieszczony poniżej zbiór ekranów systemu Chemical Sense Builder prezentuje uruchomienie modelu **D-U** do przewidywania reakcji cytralu z acetonem. W tym ćwiczeniu zastosowano wszystkie generatory reakcji, ustalono zakres entalpii reakcji (-39 do 117 Kcal/mol) oraz wygenerowano 305 reakcji. Poniżej przedstawiono 17 najbardziej interesujących reakcji.

Ekran zgłoszenia systemu CSB

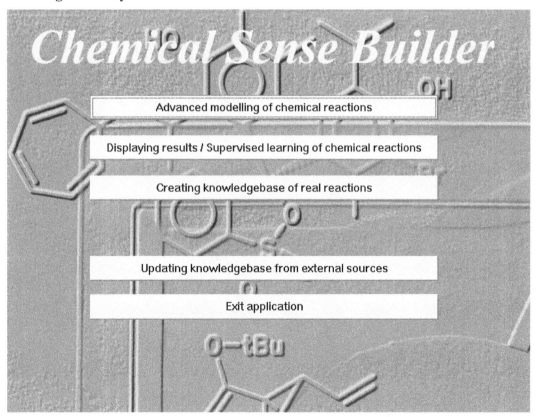

Ekran wyboru symulacji reakcji

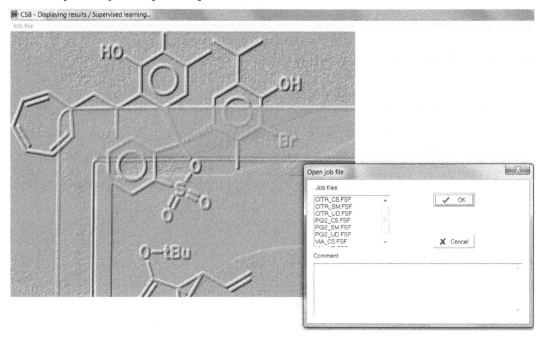

Wybrany plan reakcji cytralu z acetonem, model D-U. Podana liczba reakcji oraz zakres prognozowanych entalpii

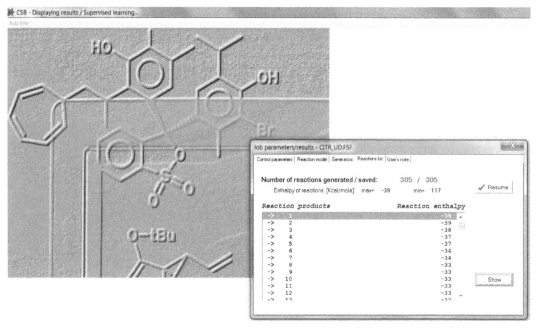

Reakcja nr 1, model D-U   (wybrano tylko najciekawsze przykłady)

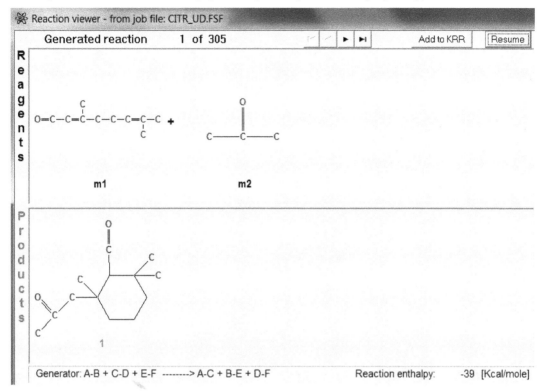

(czerwoną czcionką system **CSB** oznacza identyfikatory kolejnych produktów reakcji)

Reakcja nr 2, model D-U

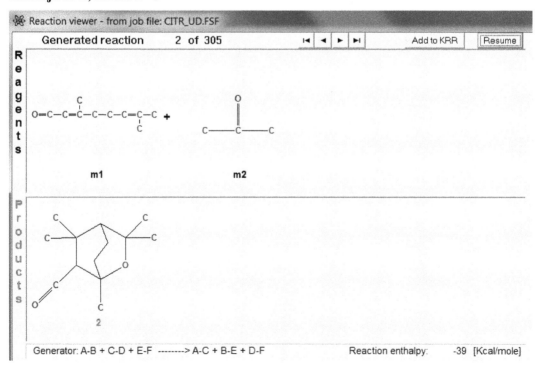

Reakcja nr 4, model D-U

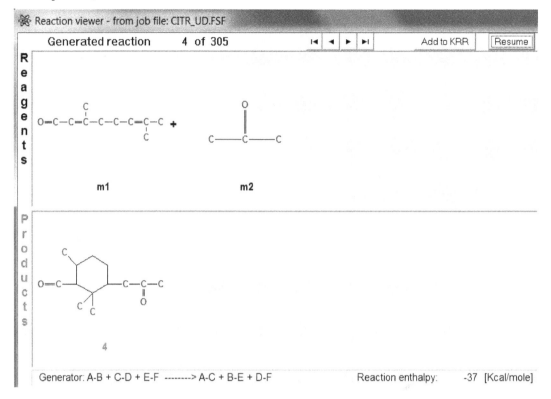

Reagents

m1   m2

Products

4

Generator: A-B + C-D + E-F --------> A-C + B-E + D-F   Reaction enthalpy: -37 [Kcal/mole]

Reakcja nr 12, model D-U

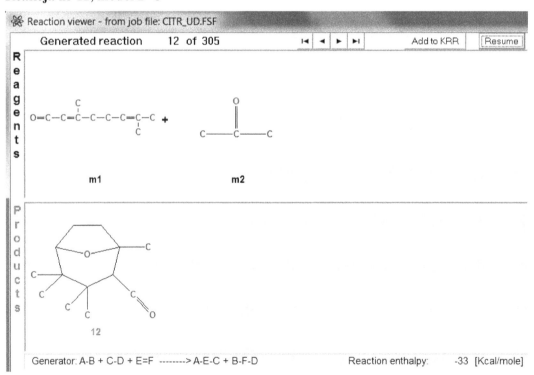

Reagents

m1   m2

Products

12

Generator: A-B + C-D + E=F --------> A-E-C + B-F-D   Reaction enthalpy: -33 [Kcal/mole]

Reakcja nr 13, model D-U   (produkt zawiera układ skondensowanych pierścieni)

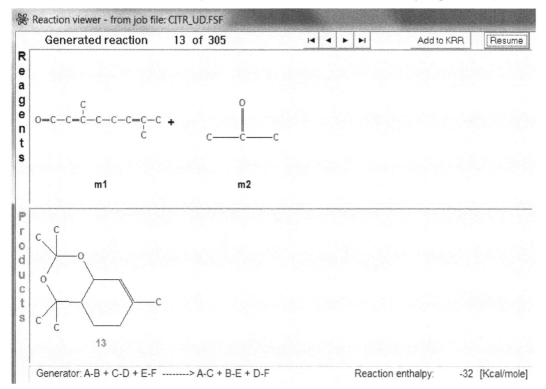

Reakcja nr 16, model D-U   (produkt zawiera pierścień pięcioczłonowy)

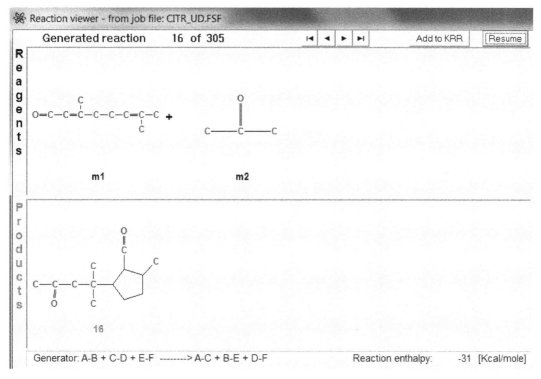

Reakcja nr 18, model D-U   (produkt zawiera pierścień sześcioczłonowy)

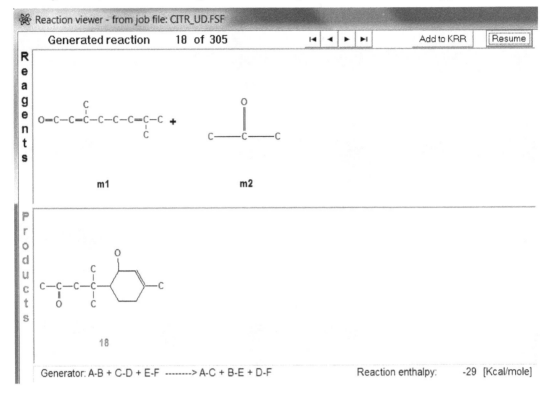

Reakcja nr 21, model D-U   (produkt z heterocyklicznym pierścieniem)

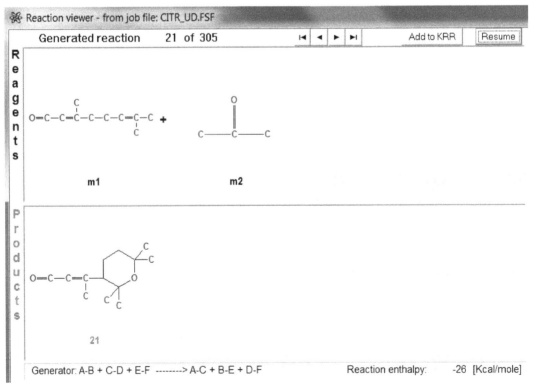

Reakcja nr 26 wg modelu D-U   (produkt zawiera pierścień siedmioczłonowy)

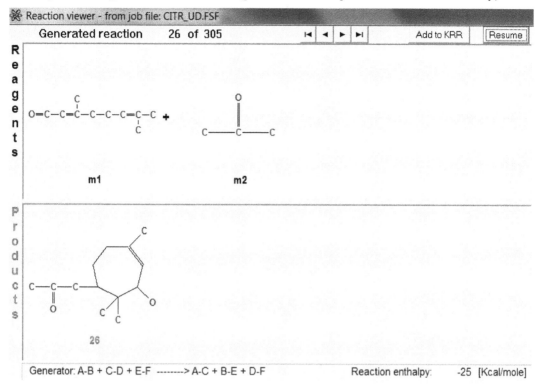

Reakcja nr 34, model D-U   (produkt z ośmioczłonowym pierścieniem z atomem O)

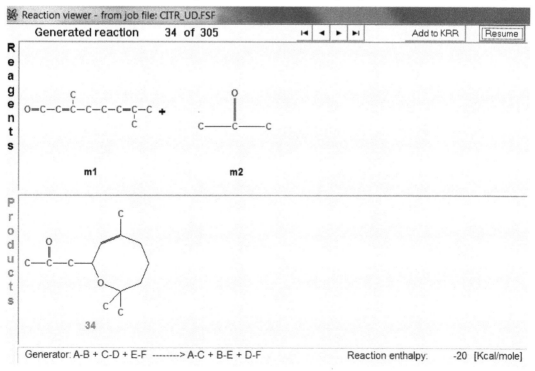

Reakcja nr 83, model D-U (zmiana generatora, nieznaczny efekt egzotermiczny)

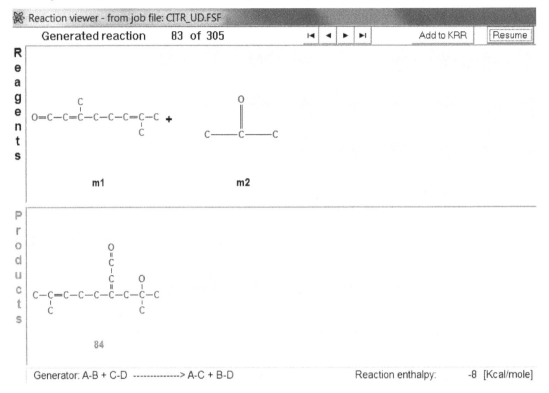

Generator: A-B + C-D -------------> A-C + B-D   Reaction enthalpy: -8 [Kcal/mole]

Reakcja nr. 135, model D-U (zerowy efekt cieplny, ciekawy pierścień w produkcie)

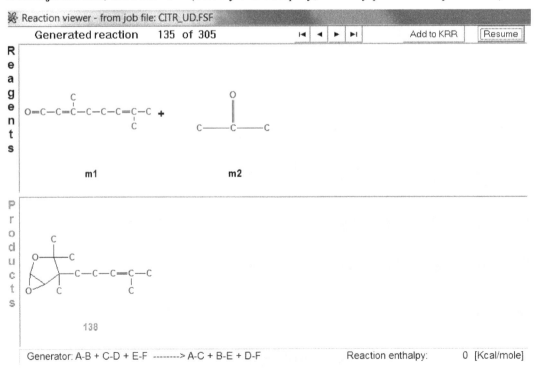

Generator: A-B + C-D + E-F --------> A-C + B-E + D-F   Reaction enthalpy: 0 [Kcal/mole]

Reakcja nr 149, model D-U   (szczególny pierścień w produkcie)

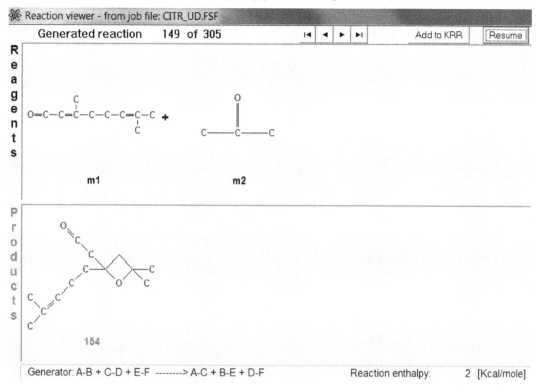

Reakcja nr 189, model D-U   (zmiana generatora reakcji)

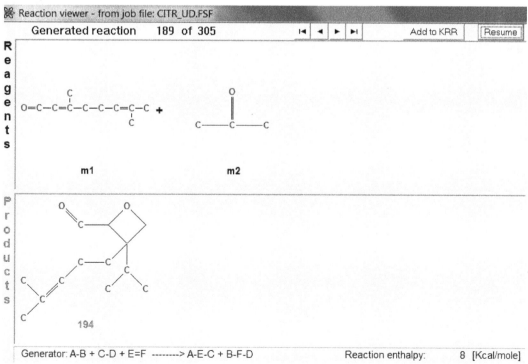

Reakcja nr 222, model **D-U**   (niewielki efekt endotermiczny reakcji)

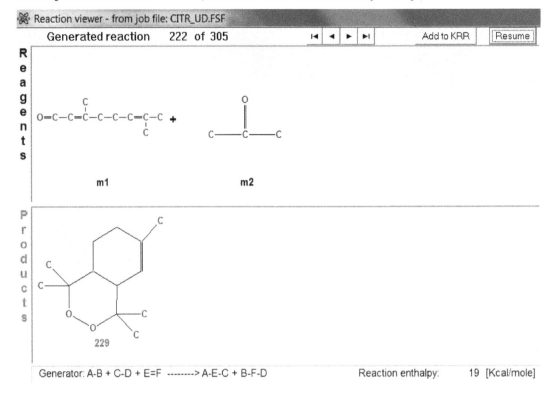

Reakcja nr 250, model **D-U**   (interesujący pierścień w produkcie reakcji)

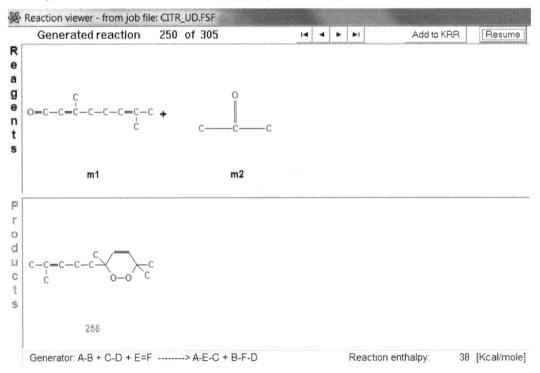

Reakcja nr 305, model D-U   (reakcja silnie endotermiczna)

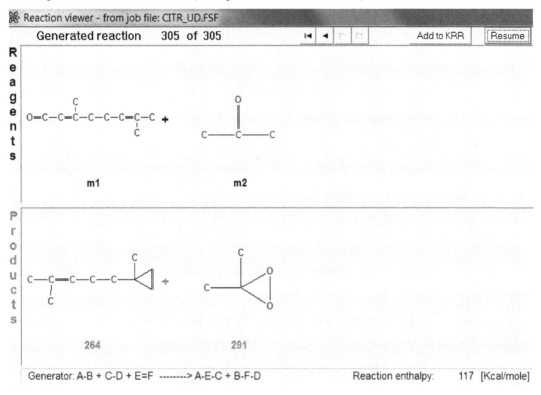

Generator: A-B + C-D + E=F --------> A-E-C + B-F-D   Reaction enthalpy: 117 [Kcal/mole]

Komentarz dla osób realizujących ćwiczenia

Zestawienie transformacji chemicznych (tutaj pokazano *tylko* bardziej interesujące) należy najpierw przeanalizować, odnotowując cechy o charakterze ogólnym (np. najczęściej wybrane typy generatorów reakcji, najczęściej atakowane miejsca reakcji), korelując te spostrzeżenia z wartością wskazanej przez system entalpii reakcji. Dokonując takiej „globalnej" analizy zestawionych wyników symulacji warto pamiętać, że wszystkie planowane przez system **CSB** reakcje można podzielić na trzy kategorie:

1. reakcje, których nawet powierzchowna ocena wskazuje na pełną możliwość ich realizacji w laboratorium,

2. reakcje, które wykazują wysoki stopień pomysłowości i prowadzą do interesujących wniosków na temat podatności rozpatrywanego związku do ulegania określonym przemianom chemicznym. Często mogą to być transformacje nie brane w ogóle pod rozwagę, wymagające starannego sprawdzenia i oceny, z sięgnięciem do oryginalnych danych literaturowych,

3. reakcje, które wydają się nierealne albo zbyt skomplikowane do urzeczywistnienia w **aktualnym** stanie wiedzy.

W dalszym etapie realizacji ćwiczeń można poddać szczegółowej analizie wybrany przykład symulowanej reakcji, oceniając możliwości (i ograniczenia) jej przebiegu, biorąc pod uwagę np. przeszkody stereochemiczne (nieuwzględniane przez system **CSB**), aktualne wskazania literaturowe oraz inne parametry (przykładowo, nadmiarowe efekty endo- oraz egzo-termiczne). Analizując wybraną reakcję należy prześledzić i ocenić – oprócz typu zastosowanego generatora – wybrane przez system miejsca reakcji.

Najbardziej wartościową formą analizy symulowanych transformacji jest przeprowadzenie tzw. **poszerzonego zakresu ćwiczeń**. Polega to na sprawdzeniu znanych metod i warunków syntezy **głównego produktu** rozpatrywanej reakcji, korzystając z zalecanego podręcznika (**Stuart Warren**, **Paul Wyatt**: *Organic Synthesis: The Disconnection Approach*, Wiley, 2nd Edition, © 2009, ISBN: 976-0-470-71236-8). Sugestia ta odnosi się do wszystkich przemian chemicznych, ilustrowanych w niniejszej monografii. Jako główny produkt analizowanej przemiany, można na przykład uznać związek o większej liczbie atomów węgla.

W celu ułatwienia korzystania z załączonych ilustracji ekranowych, w omówieniu kolejnych ćwiczeń podajemy pełne wzory strukturalne substratów symulowanych reakcji.

Cytral

Aceton

ĆWICZENIE 2

Weryfikacja i walidacja reakcji cytralu z acetonem.
Model zdrowego rozsądku (CS)

Zamieszczony poniżej zbiór ekranów systemu Chemical Sense Builder prezentuje urucho-
mienie modelu zdrowego rozsądku do przewidywania reakcji cytralu z acetonem. W tym
ćwiczeniu zastosowano wszystkie generatory reakcji, ustalono zakres entalpii reakcji (-39
do 103 Kcal/mol) oraz wygenerowano 85 reakcji. Poniżej przedstawiono 20 najbardziej
interesujących reakcji.

Początek przetwarzania. Parametry jak w modelu D-U; utworzenie tylko 85 reakcji

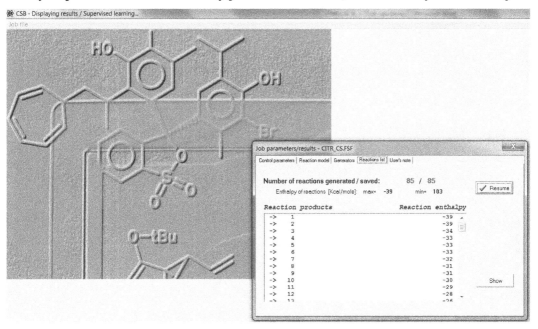

Ekran wyboru reakcji nr 1, model zdrowego rozsądku (common sense) (CS)

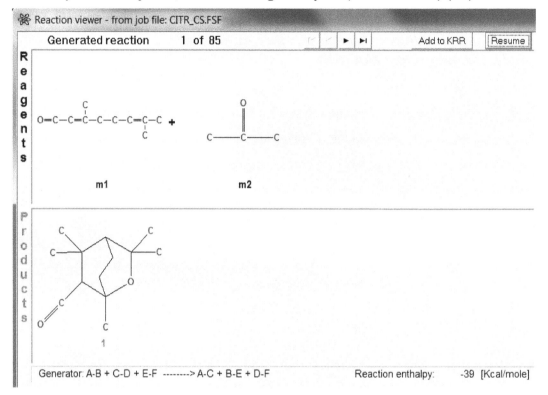

Reakcja nr 2, model CS

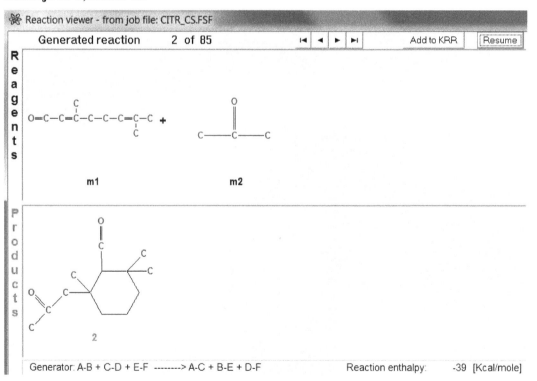

Reakcja nr 5, model CS

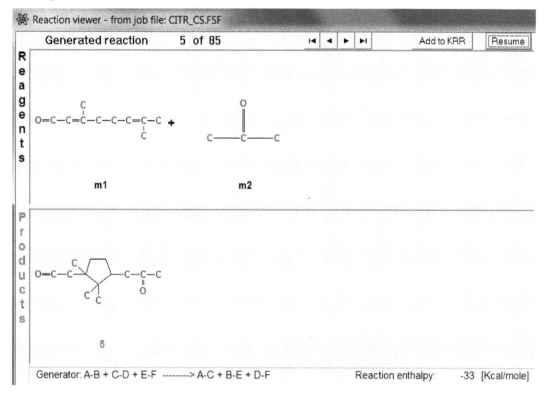

Generator: A-B + C-D + E-F --------> A-C + B-E + D-F   Reaction enthalpy: -33 [Kcal/mole]

Reakcja nr 7, model CS

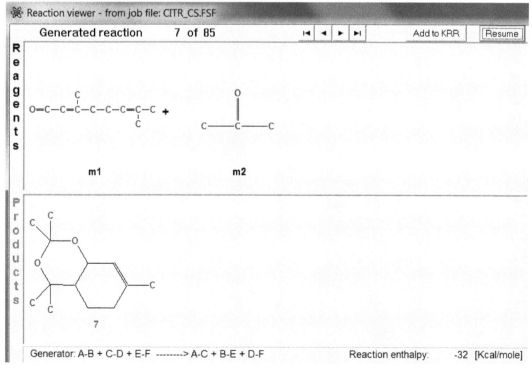

Generator: A-B + C-D + E-F --------> A-C + B-E + D-F   Reaction enthalpy: -32 [Kcal/mole]

Reakcja nr 8, model CS

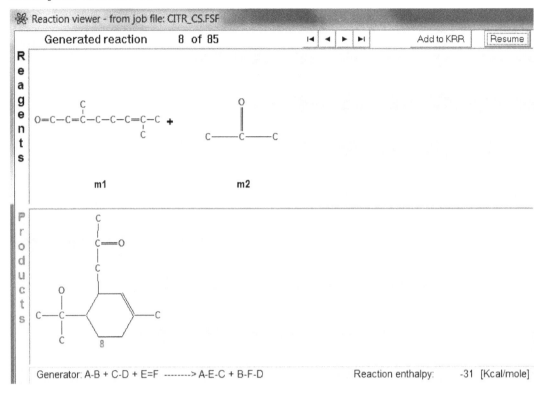

Generator: A-B + C-D + E=F --------> A-E-C + B-F-D   Reaction enthalpy: -31 [Kcal/mole]

Reakcja nr 9, model CS

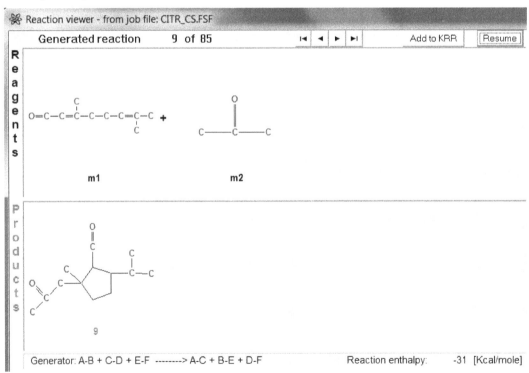

Generator: A-B + C-D + E-F --------> A-C + B-E + D-F   Reaction enthalpy: -31 [Kcal/mole]

Reakcja nr 11, model CS

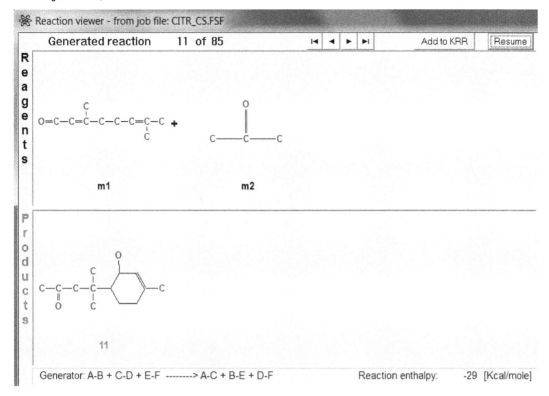

Generator: A-B + C-D + E-F --------> A-C + B-E + D-F   Reaction enthalpy: -29 [Kcal/mole]

Reakcja nr 12, model CS

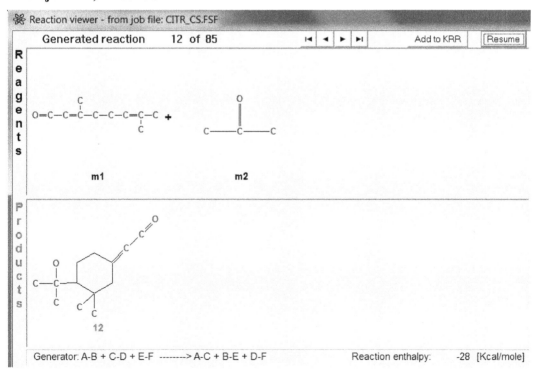

Generator: A-B + C-D + E-F --------> A-C + B-E + D-F   Reaction enthalpy: -28 [Kcal/mole]

Reakcja nr 13, model CS

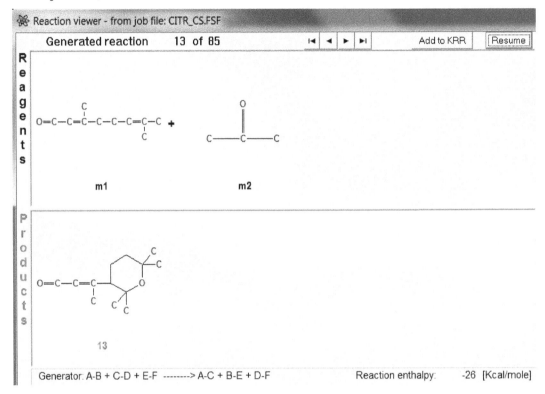

Generator: A-B + C-D + E-F --------> A-C + B-E + D-F   Reaction enthalpy: -26 [Kcal/mole]

Reakcja nr 20, model CS

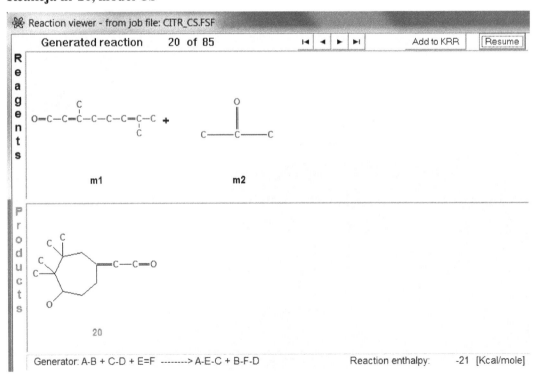

Generator: A-B + C-D + E=F --------> A-E-C + B-F-D   Reaction enthalpy: -21 [Kcal/mole]

Reakcja nr 23, model CS

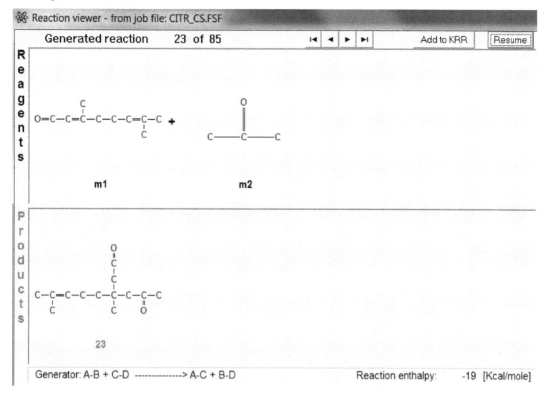

Reakcja 24, model CS

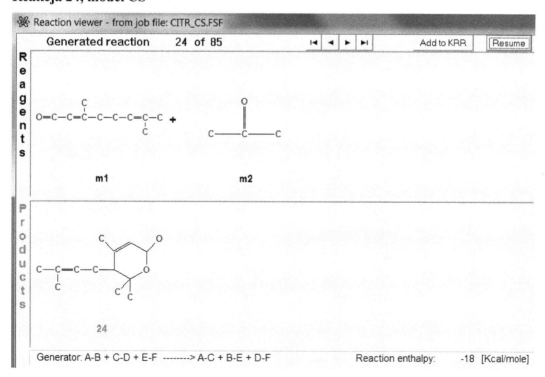

Reakcja 25, model CS

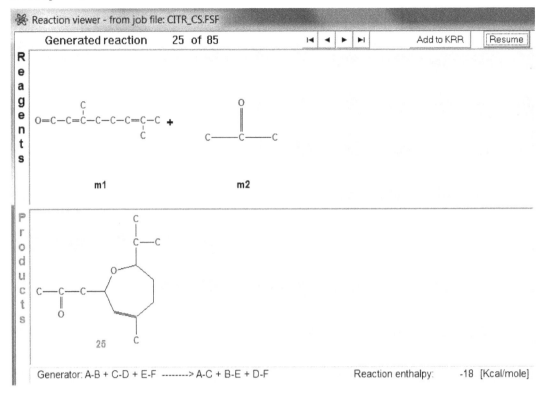

Generator: A-B + C-D + E-F --------> A-C + B-E + D-F   Reaction enthalpy: -18 [Kcal/mole]

Reakcja 30, model CS

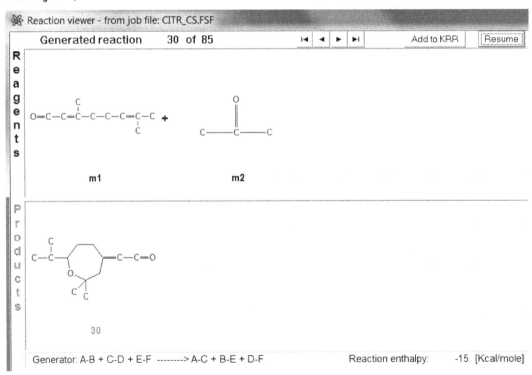

Generator: A-B + C-D + E-F --------> A-C + B-E + D-F   Reaction enthalpy: -15 [Kcal/mole]

Reakcja nr 35, model CS

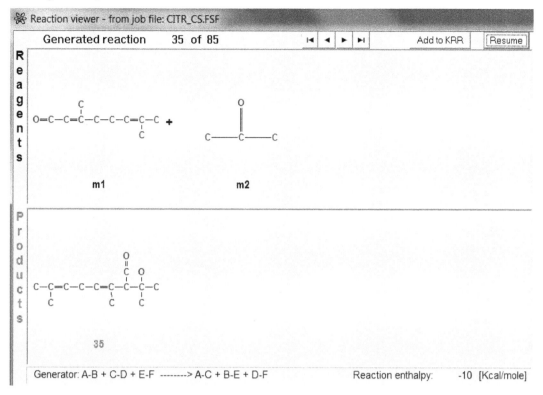

Reakcja nr 38, model CS

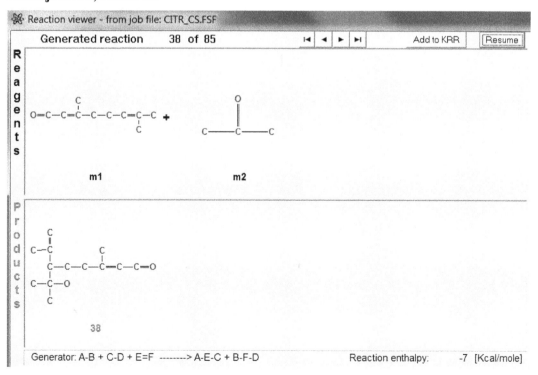

Reakcja nr 49, model CS

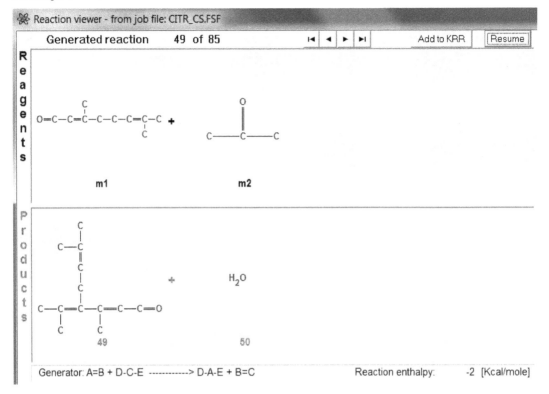

Reakcja nr 51, model CS

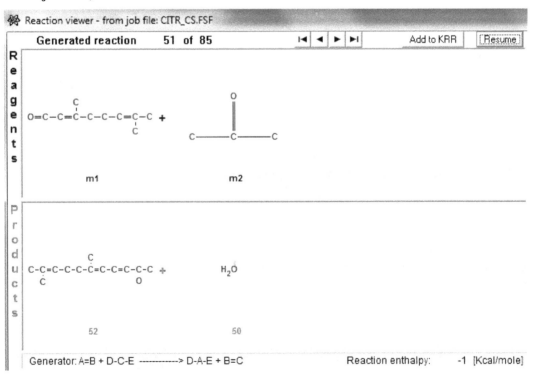

Reakcja nr 57, model CS

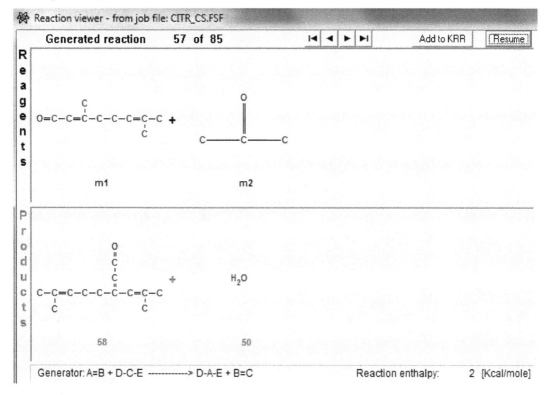

Reakcja nr 72, model CS

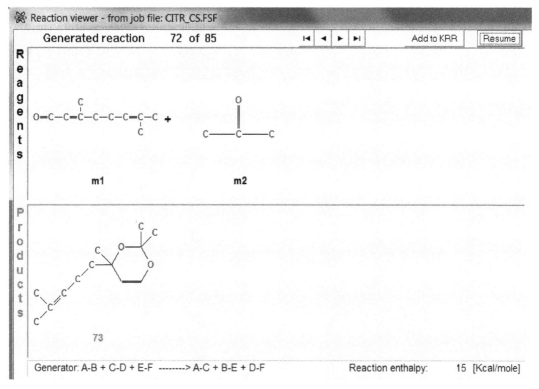

Komentarz dla osób realizujących ćwiczenia

(patrz ogólne uwagi umieszczone na końcu fragmentu monografii pt. **ĆWICZENIE_1**)

Dodatkowo, w odniesieniu do rozpatrywanej tu reakcji cytralu z acetonem zwróćmy uwagę na następujące spostrzeżenia: grupa zrzutów ekranów (**ĆWICZENIE_1**, **ĆWICZENIE_2** oraz **ĆWICZENIE_3**) dotyczy symulacji z wykorzystaniem trzech (wybranych) modeli transformacji, dostępnych w systemie **CSB**. I tak, w części **ĆWICZENIE_1** (zrealizowanej wg modelu Ugi'ego-Dugundji'ego, **D-U**) wygenerowanych zostało **305** reakcji. Zastosowanie modelu zdrowego rozsądku, **CS** (**ĆWICZENIE_2**) spowodowało zmniejszenie liczby utworzonych reakcji do **85**. Zwróćmy uwagę na efekt działania algorytmu zdrowego rozsądku, którego nałożenie na model **D-U** doprowadziło do ponad **70%** zmniejszenia liczby wygenerowanych reakcji. Nastąpiło to w wyniku eliminacji reakcji, których prawdopodobieństwo rzeczywistego przebiegu jest znikome. Zachowane jednak zostały przemiany realne, opisane w dostępnej literaturze. Reakcje zapisane w części monografii **ĆWICZENIE_3** zostały utworzone w wyniku zastosowania modelu podobieństwa, po uprzednim przeprowadzeniu nadzorowanego uczenia maszynowego systemu **CSB**. Obiektami uczenia były cztery reakcje (uznane za najbardziej prawdopodobne) spośród **85**-ciu reakcji otrzymanych z zastosowaniem modelu zdrowego rozsądku, a mianowicie: reakcja nr **51** (prowadząca do pseudojononu, będąca odwzorowaniem 1-szego etapu syntezy witaminy **A**) oraz reakcje nr **23**, **49** i **57**; produkty tych reakcji można uznać za główne substancje uboczne procesu otrzymywania pseudojononu.

ĆWICZENIE 3

Weryfikacja i walidacja reakcji cytralu z acetonem.
Model podobieństwa (SM), reakcje w środowisku zasadowym

Zamieszczony poniżej zbiór ekranów systemu **C**hemical **S**ense **B**uilder prezentuje urucho-
mienie modelu podobieństwa do przewidywania reakcji cytralu z acetonem w środowisku
zasadowym. W tym ćwiczeniu zastosowano wszystkie generatory reakcji, ustalono zakres
entalpii reakcji (-19 do 2 Kcal/mol) oraz wygenerowano 6 reakcji.

Ekran wyboru modelu

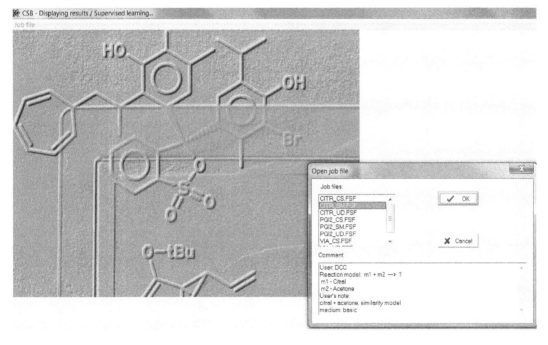

Ekran podsumowania wyników badań, tylko 6 reakcji zostało wygenerowanych

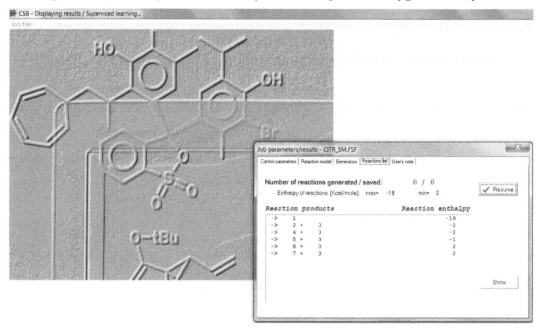

Reakcja nr 1, model podobieństwa (similarity model, SM)

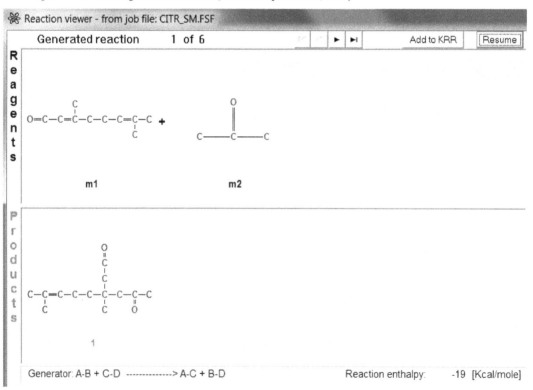

Reakcja nr 2, model SM

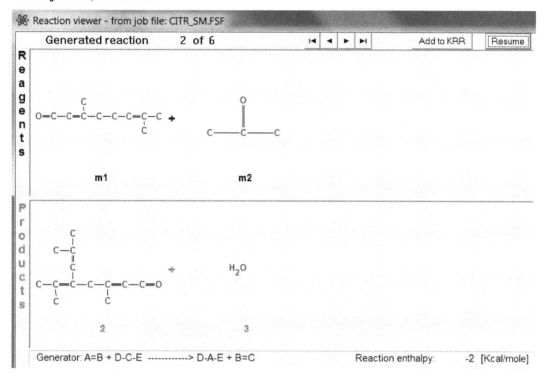

Generated reaction   2 of 6

Add to KRR   Resume

Generator: A=B + D-C-E ------------> D-A-E + B=C   Reaction enthalpy: -2 [Kcal/mole]

Reakcja nr 3, model SM

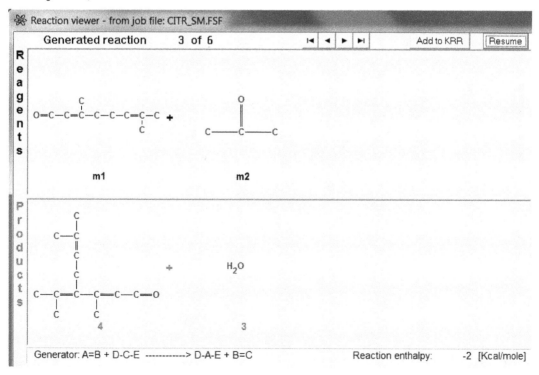

Generated reaction   3 of 6

Add to KRR   Resume

Generator: A=B + D-C-E ------------> D-A-E + B=C   Reaction enthalpy: -2 [Kcal/mole]

Reakcja nr 4, model SM

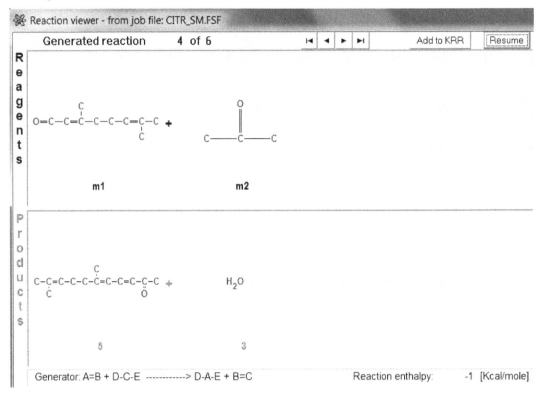

Reagents

m1   m2

Products

5   3

Generator: A=B + D-C-E ------------> D-A-E + B=C   Reaction enthalpy: -1 [Kcal/mole]

Reakcja nr 5, model SM

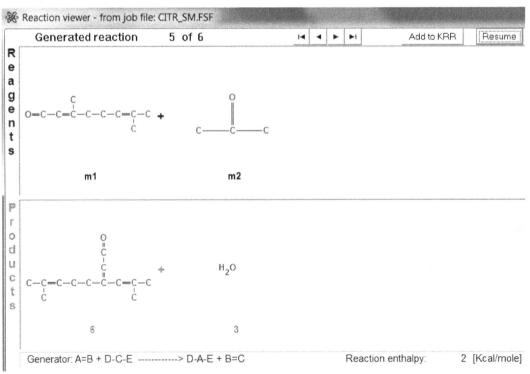

Reagents

m1   m2

Products

6   3

Generator: A=B + D-C-E ------------> D-A-E + B=C   Reaction enthalpy: 2 [Kcal/mole]

Reakcja nr 6, model SM

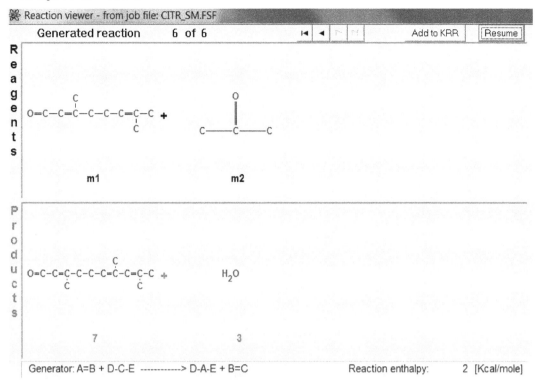

Generator: A=B + D-C-E ------------> D-A-E + B=C   Reaction enthalpy: 2 [Kcal/mole]

Komentarz dla osób realizujących ćwiczenia

Zastosowanie modelu podobieństwa doprowadziło do dalszej redukcji liczby utworzonych przemian – do **sześciu**, wśród których cztery są interesujące (reakcje nr **1, 2, 4** i **5**). W odniesieniu do reakcji nr **3** oraz **6** wydaje się, że ich przebiegu nie można wykluczyć; jednak należy przypuszczać, że udziały produktów tych reakcji w mieszaninie związków po zakończeniu reakcji cytralu z acetonem, będą znikome (chociażby ze względu na fakt, że wiązania rozrywane podczas przebiegu tych reakcji cechują się ok. 3-krotnie mniejszą reaktywnością - wg skali przyjętej w bazie wiedzy systemu **CSB** - niż wiązania rozrywane podczas przebiegu reakcji nr **1, 2, 4** i **5**).

ĆWICZENIE 4

Weryfikacja i walidacja reakcji metabolitów prostaglandyny PGI2.
Model Ugi'ego-Dugundji'ego (D-U)

Zamieszczony poniżej zbiór ekranów systemu **C**hemical **S**ense **B**uilder prezentuje urucho-
mienie modelu **D-U** do przewidywania reakcji metabolitów prostaglandyny PGI2. W tym
ćwiczeniu zastosowano wszystkie generatory reakcji, ustalono zakres entalpii reakcji (-25
do 124 Kcal/mol) oraz wygenerowano 45 reakcji. Przedstawiono 14 najbardziej interesujących reakcji.

Początek przetwarzania. Parametry jak w modelu D-U

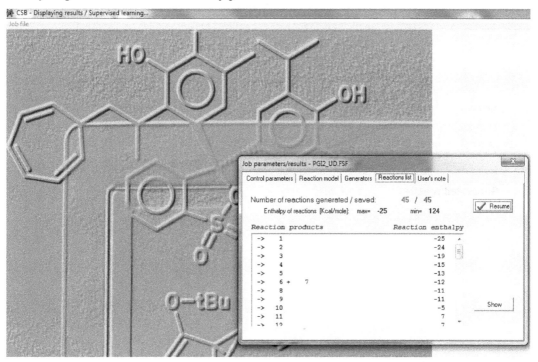

Reakcja nr 1, model D-U (metabolizm **PGI2** w organizmie człowieka)

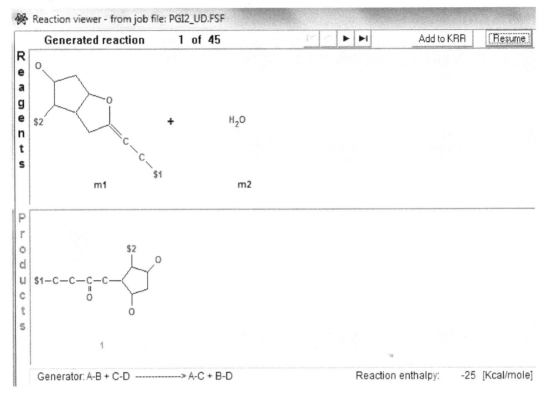

Reacja nr 2, model D-U (metabolizm **PGI2**)

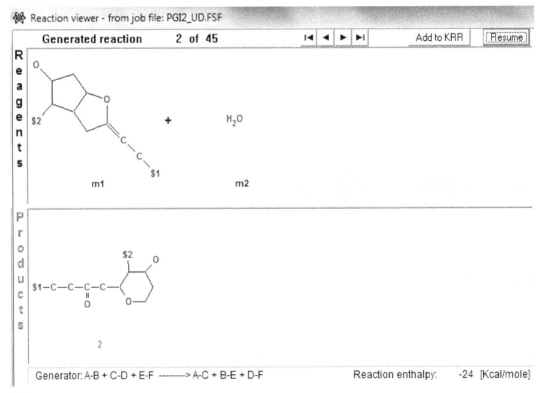

Reakcja nr 3, model D-U (metabolizm **PGI2**)

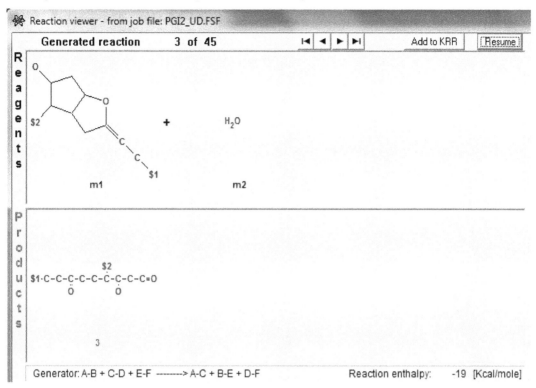

Reakcja nr 5, model D-U (metabolizm **PGI2**)

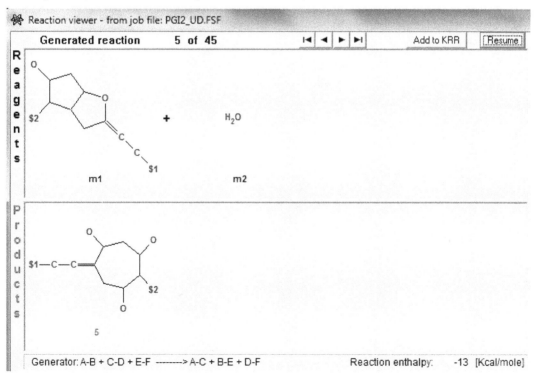

Reakcja nr 6, model D-U   (metabolizm **PGI2**)

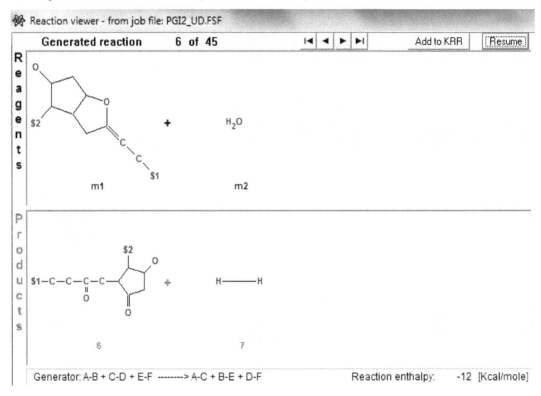

Reakcja nr 7, model D-U   (metabolizm **PGI2**)

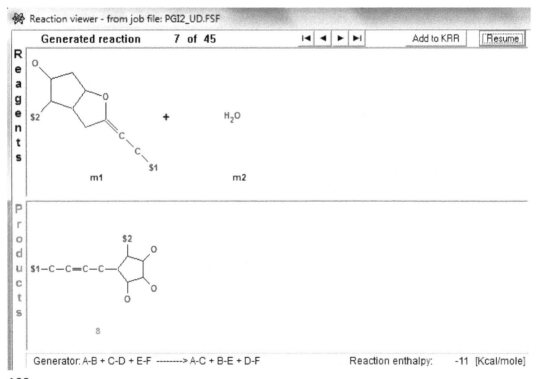

Reakcja nr 8, model D-U   (metabolizm **PGI2**)

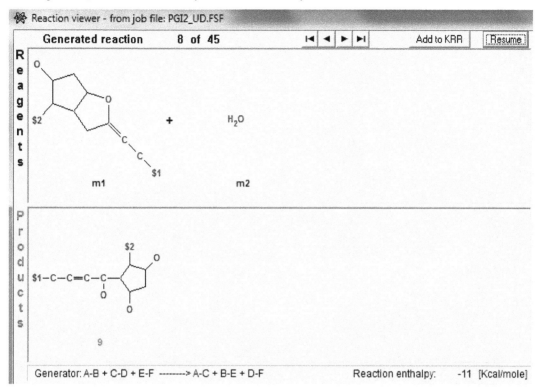

Reakcja nr 9, model D-U   (metabolizm **PGI2**)

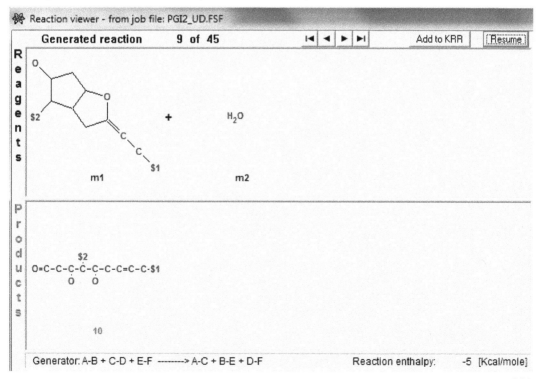

Reakcja nr 10, model D-U (metabolizm **PGI2**)

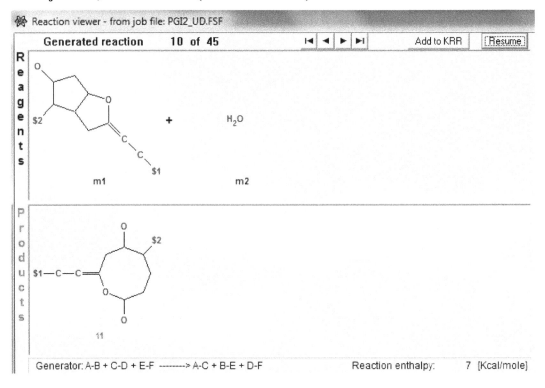

Generator: A-B + C-D + E-F --------> A-C + B-E + D-F   Reaction enthalpy: 7 [Kcal/mole]

Reakcja nr 11, model D-U (metabolizm **PGI2**)

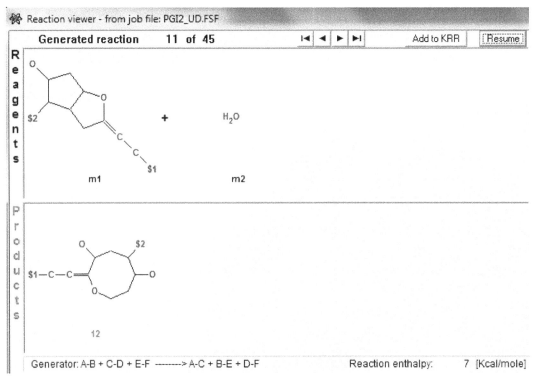

Generator: A-B + C-D + E-F --------> A-C + B-E + D-F   Reaction enthalpy: 7 [Kcal/mole]

Reakcja nr 12, model D-U (metabolizm **PGI2**)

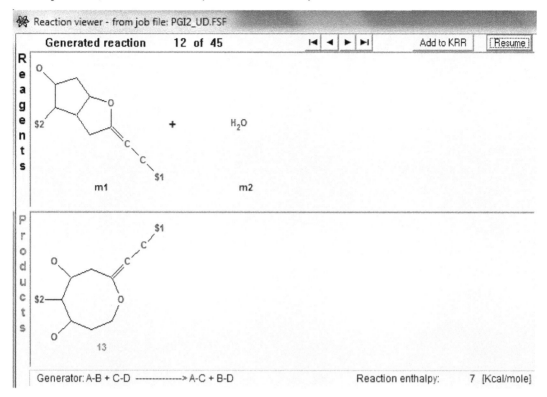

Reakcja nr 13, model D-U (metabolizm **PGI2**)

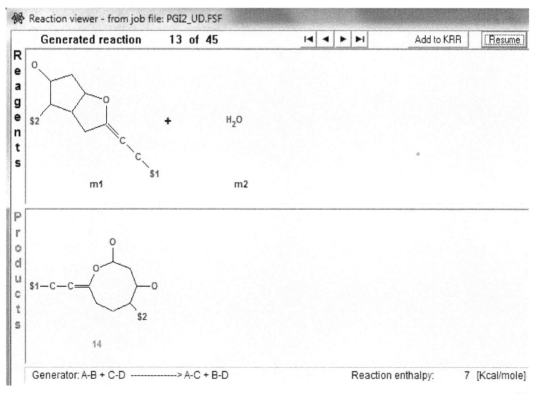

Reakcja nr 14, model D-U (metabolizm **PGI2**)

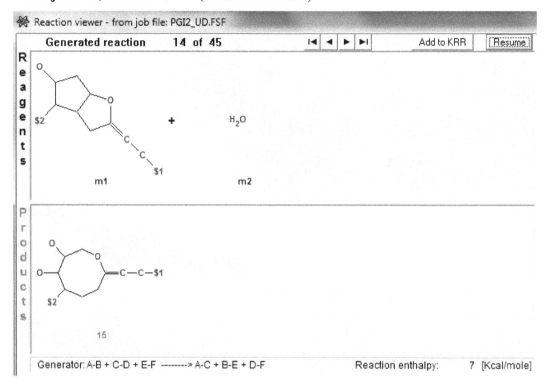

Reakcja nr 20, model D-U (metabolizm **PGI2**)

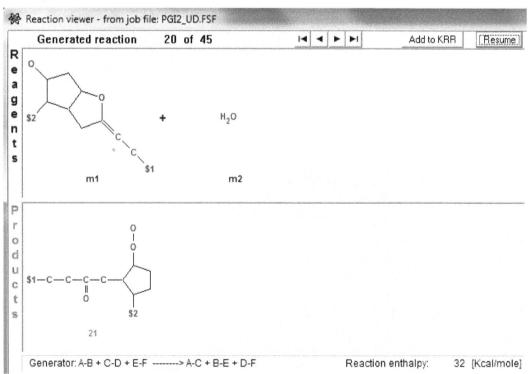

Komentarz dla osób realizujących ćwiczenia

(ogólne sugestie na temat sposobu realizacji wszystkich ćwiczeń literaturowych umieszczono na końcu fragmentu monografii pt.: ĆWICZENIE_1)

Kolejna grupa ćwiczeń literaturowych dotyczy komputerowej symulacji reakcji hydrolizy prostaglandyny **PGI2** (zwanej też prostacykliną). Prognozowane reakcje ujawniają przypuszczalne produkty metabolicznych przemian tego leku w ustroju człowieka (z tego powodu współreagentem **PGI2** jest cząsteczka wody). Model **D-U** utworzył **45** reakcji, zaś model zdrowego rozsądku **CS** – tylko **8**. Struktura **PGI2** została tu przedstawiona w uproszczony sposób, z dodatkowym zaakcentowaniem centralnego fragmentu molekuły, który podlega przemianom. **$1-** symbolizuje tu grupę **-CH₂-CH₂-COOH**, natomiast **$2-** przedstawia fragment **-CH=CH-CH(OH)-CH₂-CH₂-CH₂-CH₂-CH₃**. Ponownie można zaobserwować skutek działania algorytmu zdrowego rozsądku, który w tym przypadku doprowadził do **82%**-wej redukcji liczby wygenerowanych reakcji. Produkty pierwszych trzech reakcji (dla modelu **D-U** oraz modelu **CS**) zostały **pozytywnie** zweryfikowane w wyniku przeprowadzonych badań kliniczno-analitycznych: wśród metabolitów **PGI2** odkryto **95%** produktu reakcji nr **1**, **4%** produktu reakcji nr **2** i **0.9%** produktu reakcji nr **3**. Te trzy reakcje stanowiły źródło procesu maszynowego uczenia systemu **CSB**, umożliwiającego zastosowanie modelu podobieństwa, **SM** (ĆWICZENIE_6).

Prostaglandyna (prostacyklina) **PGI2** jest hormonem wytwarzanym przez ściany naczyń krwionośnych (głównie w śródbłonkach płuc) z kwasu arachidowego pod wpływem enzymów: syntazy prostaglandyny oraz syntazy prostacykliny. **PGI2** hamuje zlepianie płytek krwi i działa rozkurczowo na naczynia krwionośne obniżając ciśnienie krwi. Hormon ten został odkryty w r. 1976 podczas prac prowadzonych przez międzynarodową grupę badawczą, w której uczestniczyli prof. R. Gryglewski oraz prof. A. Szczeklik. Za odkrycie prostacykliny, niektórzy członkowie tej grupy otrzymali w roku 1982 nagrodę Nobla w dziedzinie fizjologii (**B. I. Samuelsson** oraz **J. R. Vane**).

Wzór strukturalny hormonu **PGI2** podano poniżej:

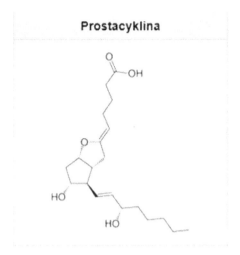

B.I. Samuelsson

Sir J.R. Vane

Prof. R. Gryglewski, laureat nagrody FNP'97
inicjator badań nad prostaglandynami, które doprowadziły do przyznania zespołowej
nagrody Nobla wspomnianym uczonym

ĆWICZENIE 5

Weryfikacja i walidacja reakcji metabolitów prostaglandyny PGI2.
Model zdrowego rozsądku (CS)

Zamieszczony poniżej zbiór ekranów systemu Chemical Sense Builder prezentuje urucho-mienie modelu zdrowego rozsądku do przewidywania reakcji metabolitów prostaglandyny PGI2. W tym ćwiczeniu zastosowano wszystkie generatory reakcji, ustalono zakres entalpii reakcji (-25 do 21 Kcal/mol) oraz wygenerowano 8 reakcji.

Początek przetwarzania. Parametry jak w modelu CS

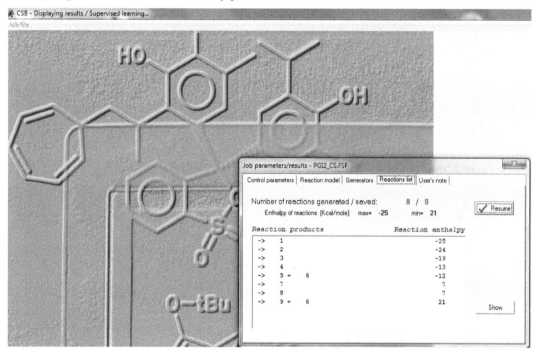

109

Reakcja nr 1, model CS   (metabolizm **PGI2** w organizmie człowieka)

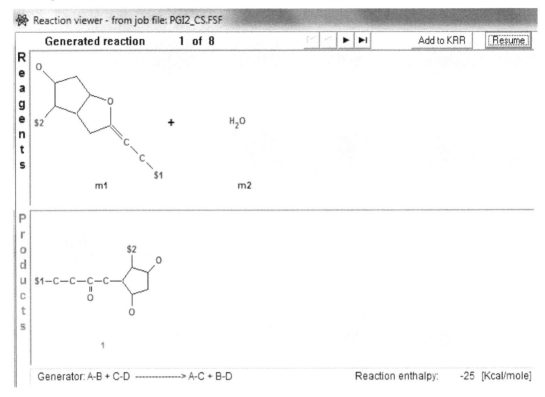

Reakcja nr 2, model CS   (metabolizm **PGI2** w organizmie człowieka)

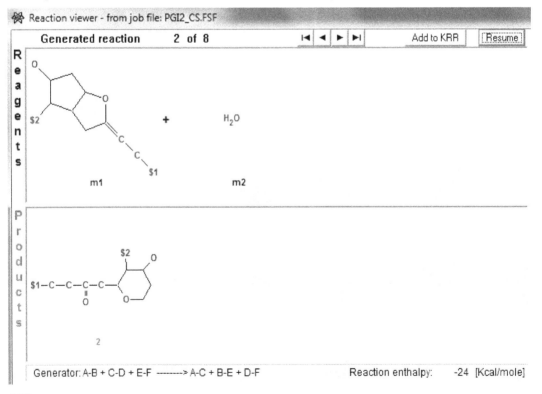

Reakcja nr 3, model CS   (metabolizm **PGI2** w organizmie człowieka)

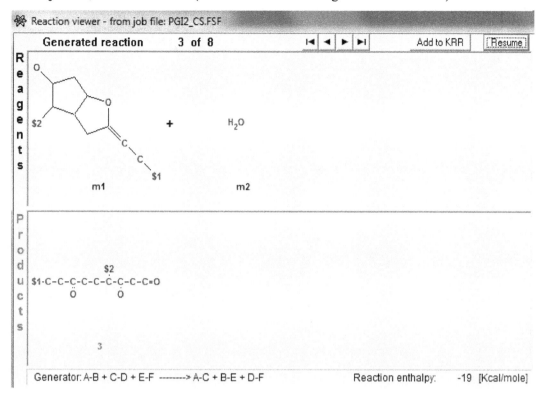

Reakcja nr 4, model CS   (metabolizm **PGI2** w organizmie człowieka)

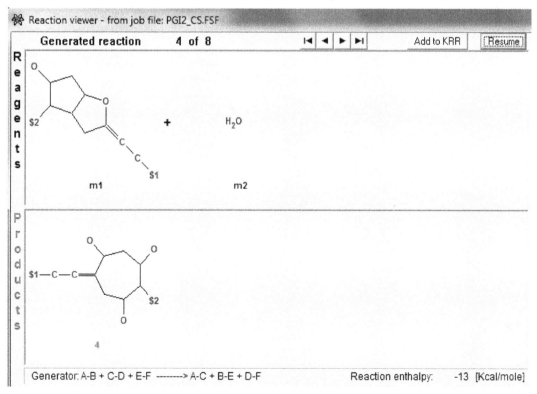

Reakcja nr 5, model CS   (metabolizm **PGI2** w organizmie człowieka)

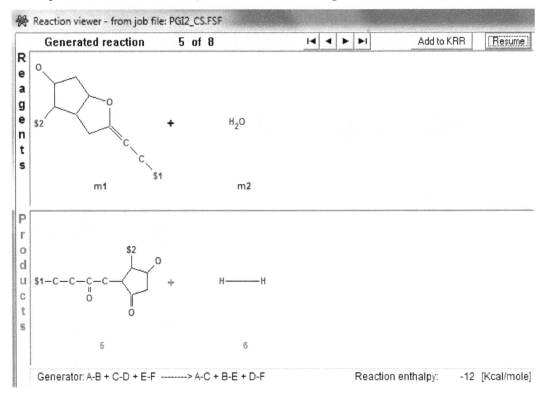

Reakcja nr 6, model CS   (metabolizm **PGI2** w organizmie człowieka)

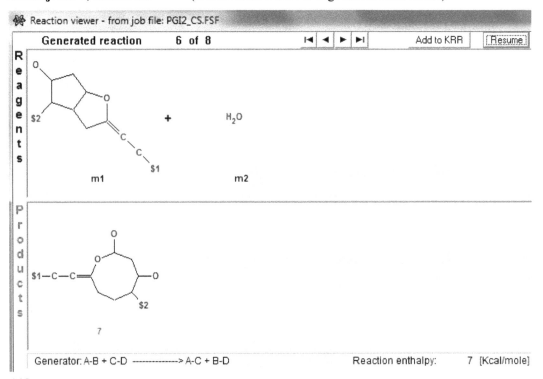

Reakcja nr 7, model CS (metabolizm **PGI2** w organizmie człowieka)

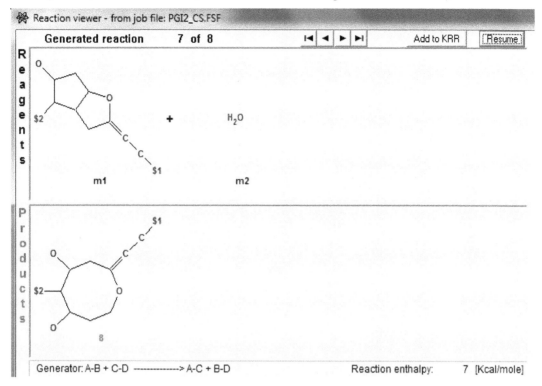

Reakcja nr 8, model CS (metabolizm **PGI2** w organizmie człowieka)

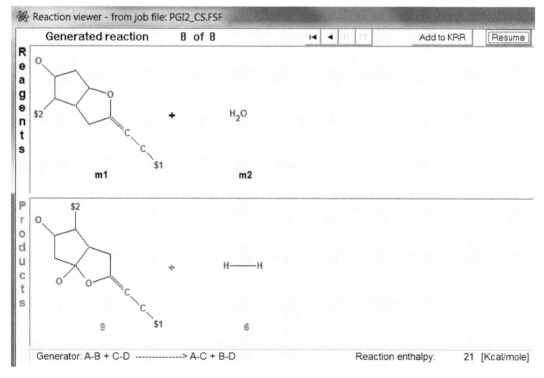

ĆWICZENIE 6

Weryfikacja i walidacja reakcji metabolitów prostaglandyny PGI2.
Model podobieństwa (SM), reakcje w środowisku kwaśnym

Zamieszczony poniżej zbiór ekranów systemu Chemical Sense Builder prezentuje urucho-
mienie modelu podobieństwa do przewidywania reakcji metabolitów prostaglandyny PGI2
w środowisku kwaśnym. W tym ćwiczeniu zastosowano wszystkie generatory reakcji, ustalono zakres entalpii reakcji (-25 do 19 Kcal/mol) oraz wygenerowano 3 reakcje.

Początek przetwarzania. Parametry jak w modelu SM

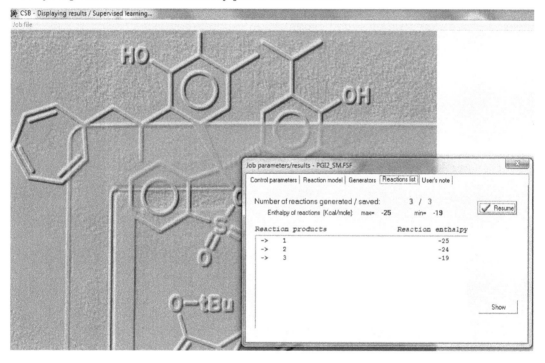

Reakcja nr 1, model SM   (metabolizm **PGI2**, środowisko kwaśne)

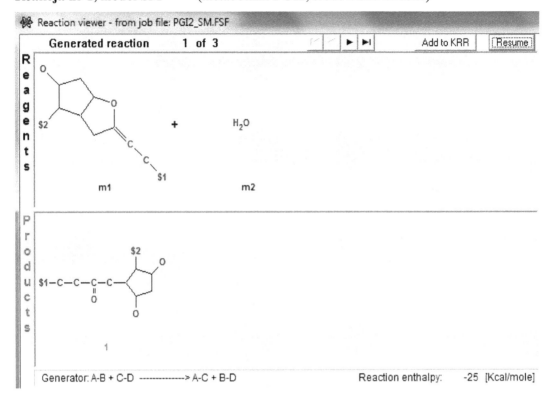

Reakcja nr 2, model SM   (metabolizm **PGI2**, środowisko kwaśne)

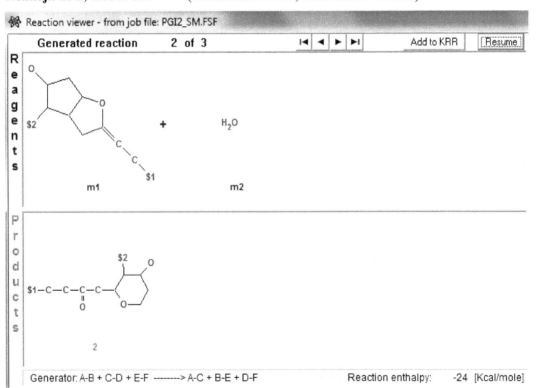

Reakcja nr 2, model SM   (metabolizm **PGI2**, środowisko kwaśne)

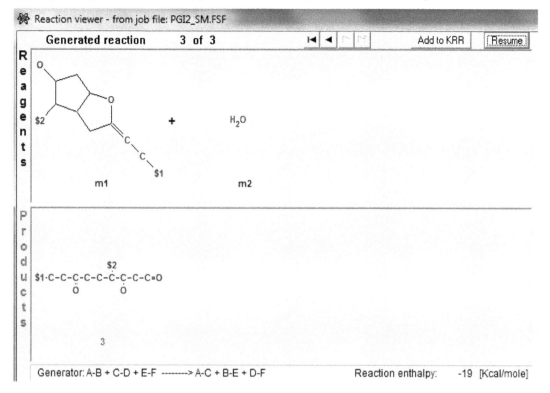

Reagents

Products

Generator: A-B + C-D + E-F --------> A-C + B-E + D-F   Reaction enthalpy: -19 [Kcal/mole]

ĆWICZENIE 7

Weryfikacja i walidacja przemian leku VIAGRA w organizmie człowieka.
Model Ugi'ego-Dugundji'ego (D-U)

Zamieszczony poniżej zbiór ekranów systemu **C**hemical **S**ense **B**uilder prezentuje urucho-
mienie modelu **D-U** do przewidywania przemian leku VIAGRA w organizmie człowieka.
W tym ćwiczeniu zastosowano wszystkie generatory reakcji, ustalono zakres entalpii reakcji (-94 do 30 Kcal/mol) oraz wygenerowano 382 reakcje. Tutaj przedstawiono 18 najbardziej interesujących reakcji.

Ekran wyboru symulacji reakcji

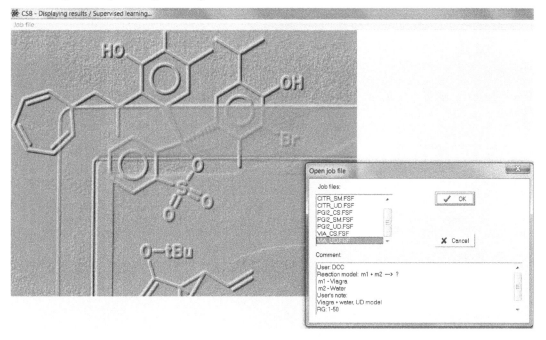

Podsumowanie wyników prognozowania przemian leku VIAGRA
(podana liczba przemian oraz zakres oczekiwanej entalpii reakcji

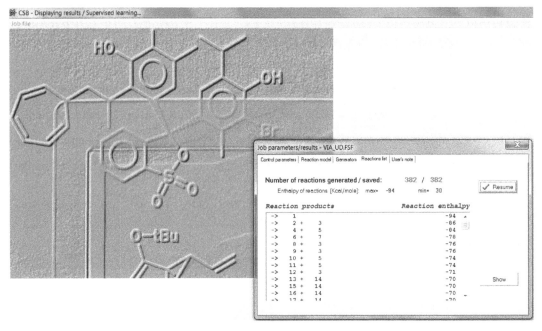

Reakcja nr 1, model D-U   (przemiany leku VIAGRA w organizmie człowieka)

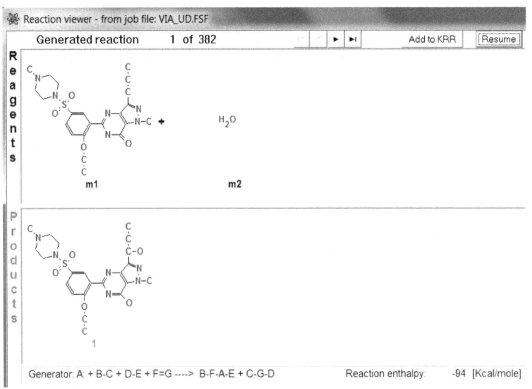

(wybrano tylko najciekawsze przykłady)

Reakcja nr 2, model D-U   (przemiany leku VIAGRA w organizmie człowieka)

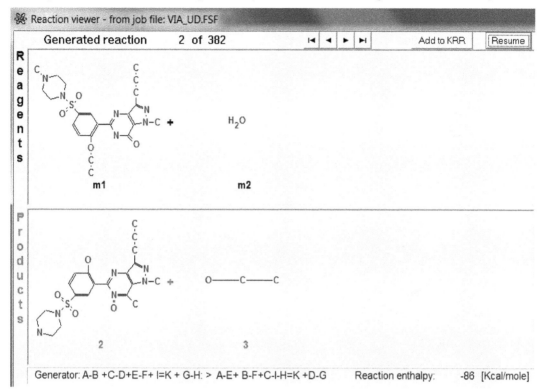

Reakcja nr 3, model D-U   (przemiany leku VIAGRA w organizmie człowieka)

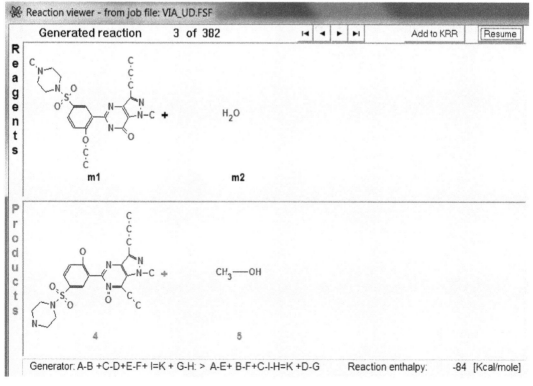

Reakcja nr 11, model D-U   (przemiany leku VIAGRA w organizmie człowieka)

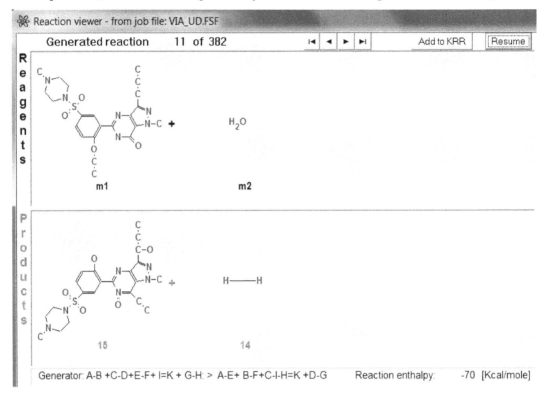

Generator: A-B +C-D+E-F+ I=K + G-H: > A-E+ B-F+C-I-H=K +D-G   Reaction enthalpy: -70 [Kcal/mole]

Reakcja nr 14, model D-U   (przemiany leku VIAGRA w organizmie człowieka)

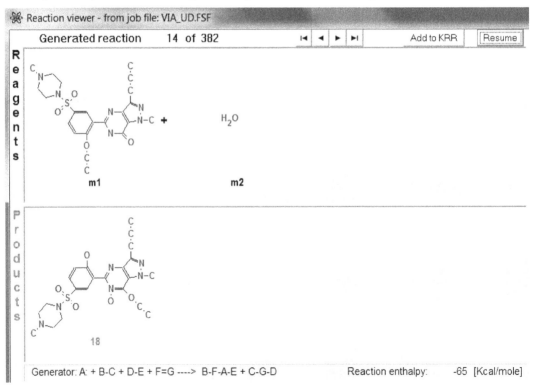

Generator: A: + B-C + D-E + F=G ----> B-F-A-E + C-G-D   Reaction enthalpy: -65 [Kcal/mole]

Reakcja nr 17, model D-U (przemiany leku VIAGRA w organizmie człowieka)

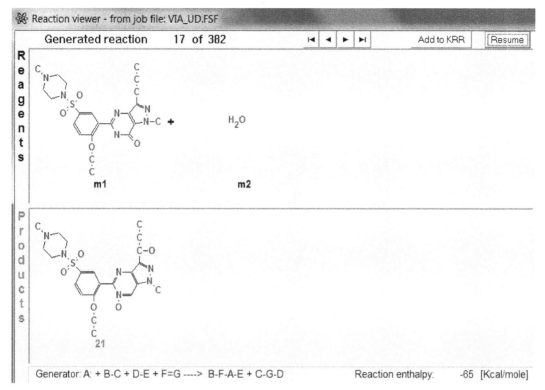

Reakcja nr 24, model D-U (przemiany leku VIAGRA w organizmie człowieka)

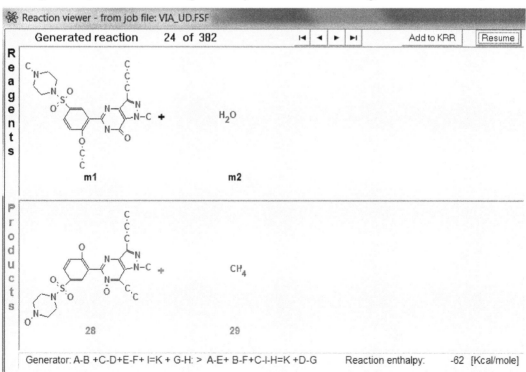

Reakcja nr 79, model D-U (przemiany leku VIAGRA w organizmie człowieka)

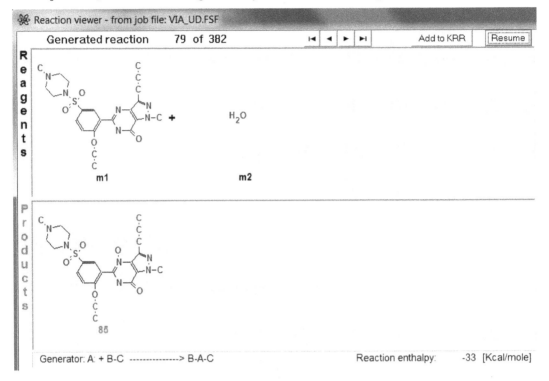

Reakcja nr 87, model D-U (przemiany leku VIAGRA w organizmie człowieka)

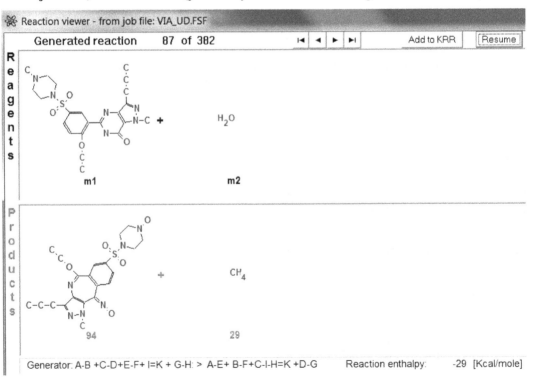

124

Reakcja nr 95, model D-U (przemiany leku VIAGRA w organizmie człowieka)

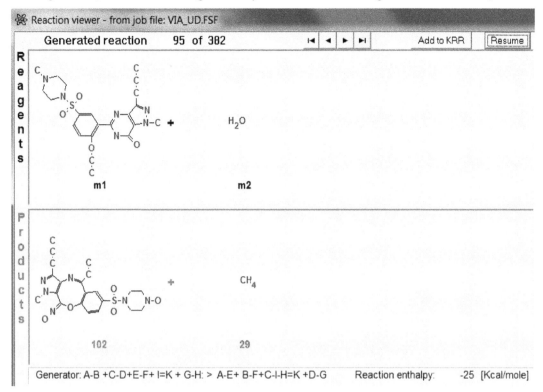

Reakcja nr 128, model D-U (przemiany leku VIAGRA w organizmie człowieka)

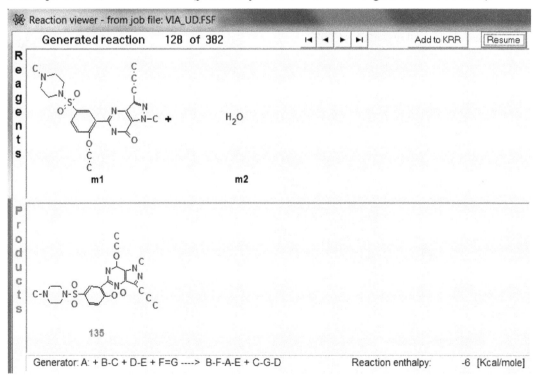

Reakcja nr 144, model D-U (przemiany leku VIAGRA w organizmie człowieka)

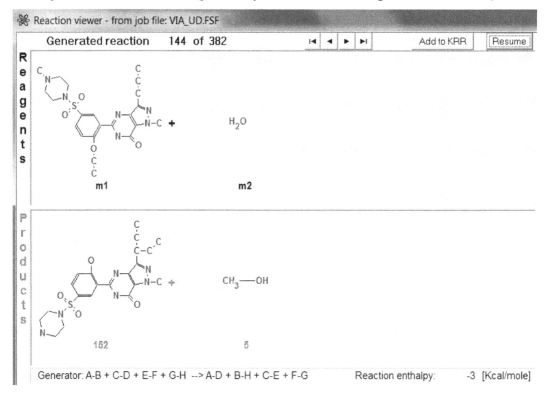

Reakcja nr 165, model D-U (przemiany leku VIAGRA w organizmie człowieka)

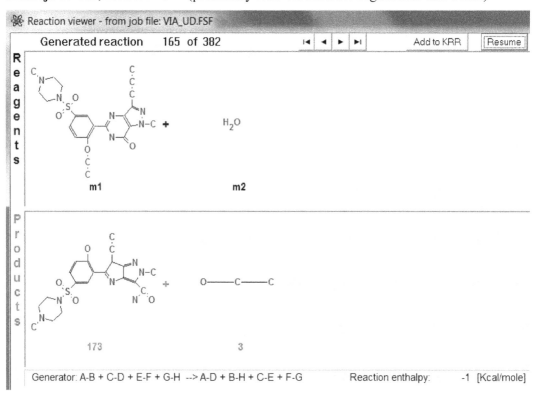

Reakcja nr 173, model D-U (przemiany leku VIAGRA w organizmie człowieka)

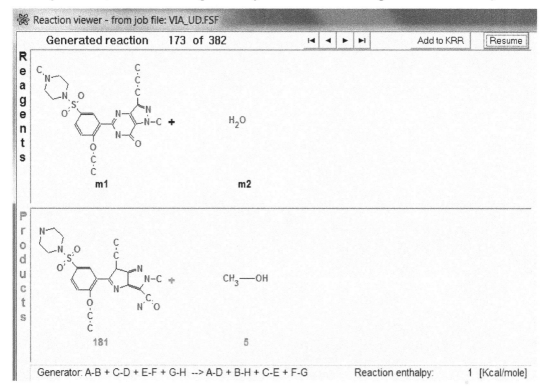

Reakcja nr 195, model D-U (przemiany leku VIAGRA w organizmie człowieka)

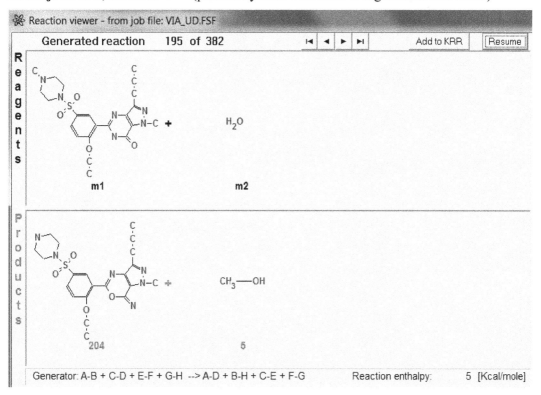

Reakcja nr 231, model D-U   (przemiany leku VIAGRA w organizmie człowieka)

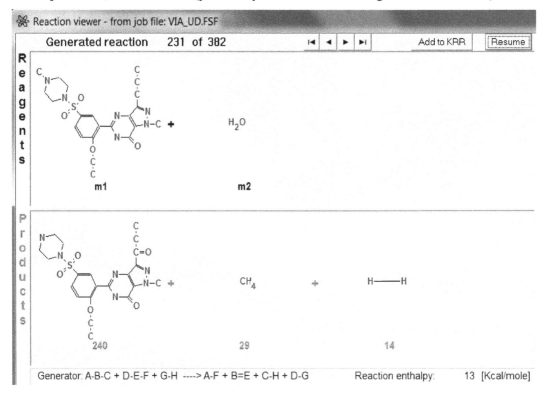

Reakcja nr 339, model D-U   (przemiany leku VIAGRA w organizmie człowieka)

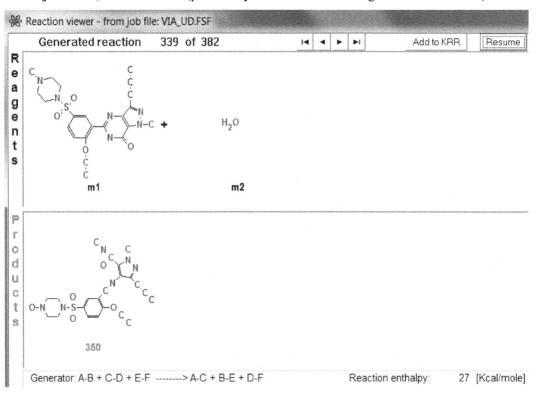

Reakcja nr 376, model D-U (przemiany leku VIAGRA w organizmie człowieka)

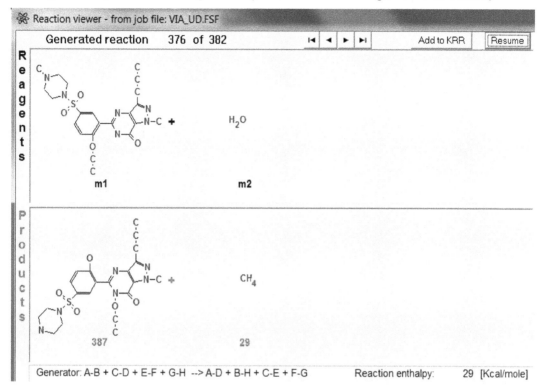

Komentarz dla osób realizujących ćwiczenia

(ogólne sugestie na temat sposobu realizacji wszystkich ćwiczeń literaturowych umieszczono na końcu fragmentu monografii pt. **ĆWICZENIE_1**)

Ostatnia grupa ćwiczeń literaturowych zawiera prognozy przemian leku **VIAGRA** w organizmie człowieka. Wzór strukturalny leku podano poniżej:

Struktura leku w systemie **CSB** jest reprezentowana łącznie z podaniem cyfrowych identyfikatorów szkieletowych atomów cząsteczki:

Na wszystkich zrzutach ekranów, struktura ta jest przedstawiana następująco:

m1

Lek opracowano w firmie **Pfizer** (patent w r. 1993, wprowadzenie do sprzedaży w r. 1998).

Stosując model **D-U** wygenerowano **382** reakcje, natomiast model zdrowego rozsądku (patrz następne ćwiczenie) utworzył tylko **3** endotermiczne przemiany (środowisko kwaśne, zastosowano **50** generatorów reakcji, ograniczając efekt termiczny prognoz w przedziale - **10** do **10** Kcal/mol).

Analiza wyników przetwarzania wskazuje na zaskakującą (i wartą weryfikacji) prognozę (zarówno dla modelu **D-U**, jak i modelu **CS**), iż wśród produktów metabolicznych przemian leku może się pojawić (preferowany z termodynamicznego punktu widzenia) **metanol**, a także **etanol!** Ma to istotne znaczenie w odniesieniu do zdolności prawidłowej percepcji kolorów przez oko człowieka (znane jest negatywne oddziaływanie tego rodzaju substancji, jak alkohole małocząsteczkowe, na rozpoznawanie barw). **Należy zatem uznać za obowiązującą zasadę, że kierowcy pojazdów/urządzeń mechanicznych (kołowych/szynowych), a zwłaszcza piloci samolotów/helikopterów mogą prowadzić wymienione urządzenia dopiero po upływie co najmniej 12 godzin od przyjęcia leku.**

ĆWICZENIE 8

Weryfikacja i walidacja przemian leku VIAGRA w organizmie człowieka.
Model zdrowego rozsądku (CS), reakcje w środowisku kwaśnym

Zamieszczony poniżej zbiór ekranów systemu **C**hemical **S**ense **B**uilder prezentuje urucho-
mienie modelu zdrowego rozsądku do przewidywania przemian leku VIAGRA w organizmie człowieka w środowisku kwaśnym. W tym ćwiczeniu zastosowano wszystkie generatory reakcji, dopuszczony efekt termiczny -10 do 10 Kcal/mol oraz wygenerowano 3 reakcje.

Ekran wyboru symulacji

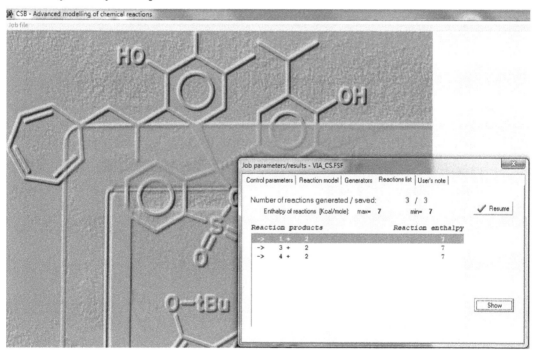

Reakcja nr 1, model CS   (przemiany leku VIAGRA w organizmie człowieka)

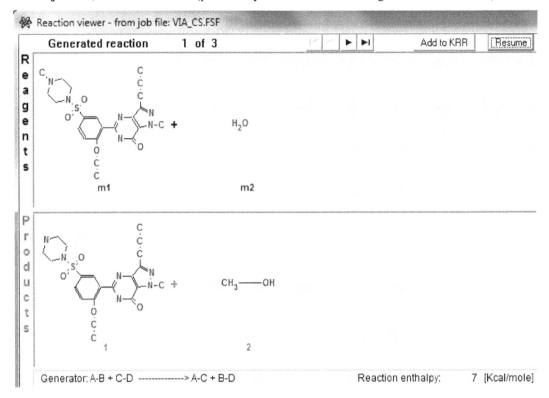

Reakcja nr 2, model CS   (przemiany leku VIAGRA w organizmie człowieka)

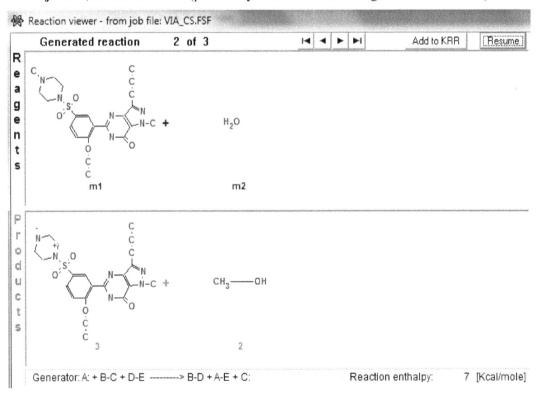

Reakcja nr 3, model CS   (przemiany leku VIAGRA w organizmie człowieka)

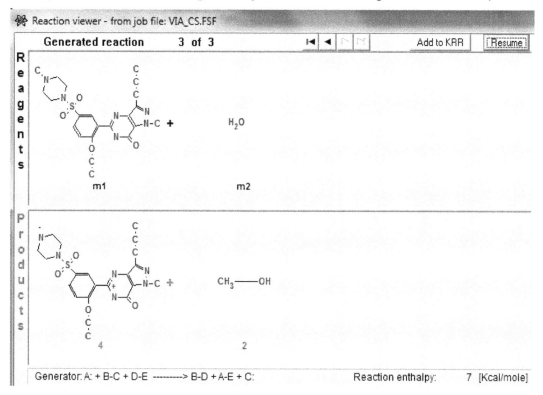

ZAKOŃCZENIE

Zastosowanie koncepcji wielomodelowej symulacji reakcji chemicznych pozwoliło nadać systemowi **CSB** cechy nowoczesnego narzędzia badawczego, umożliwiającego odkrywanie nowych (tzn. nieopisanych dotychczas w literaturze) reakcji chemicznych. Można to uznać za przykład *kreowania nowej wiedzy*, i to cechującej się dużym realizmem chemicznym.

Wydaje się, że należy ponownie przypomnieć *fundamentalne* stwierdzenie o kategoriach reakcji chemicznych, tworzonych dzięki zastosowaniu ***modelu macierzowego chemii konstytucyjnej***. Generowane są:

1. reakcje, których nawet powierzchowna ocena wskazuje na pełną możliwość ich realizacji w laboratorium,

2. reakcje, które wykazują wysoki stopień pomysłowości i prowadzą do interesujących wniosków na temat podatności rozpatrywanego związku do ulegania określonym przemianom chemicznym. Często mogą to być transformacje niebrane w ogóle pod rozwagę, wymagające starannego sprawdzenia i oceny, z sięgnięciem do oryginalnych danych literaturowych,

3. reakcje, które wydają się nierealne albo zbyt skomplikowane do urzeczywistnienia w *aktualnym* stanie wiedzy.

W niniejszej monografii pokazano jedynie wybrane wyniki tworzenia planów symulacji reakcji, które z zamysłem wspierają nauczanie różnych przedmiotów kursowych, na przykład: *Zastosowania informatyki w eksploracji danych medycznych*, czy *Zasoby i systemy informacyjne w ochronie zdrowia*. Dodatkowo, co wynika z naszego wieloletniego doświadczenia, bardzo dobre wyniki nauczania uzyskuje się wspomagając (bezpośrednio lub pośrednio) przedmioty dotyczące zagadnień dietetyki, chorób cywilizacyjnych oraz kosmetologii.

Przedstawione tu przykłady tworzenia planów reakcji chemicznych zestawione w części podręcznika **ĆWICZENIE_1** do **ĆWICZENIE_8**, nie wiążą się bezpośrednio z syntezami leków, jednak w celu uzyskania wymaganego skutku dydaktycznego – pokazują przekształcenia wybranych chemoterapeutyków w różnych środowiskach, a nawet w organizmie człowieka.

W zależności od wybranego modelu symulacji system **CSB** może być wykorzystywany do rozwiązywania różnych problemów chemicznych oraz para-chemicznych, na przykład (w zestawieniu alfabetycznym) do:

• odkrywania i weryfikacji mechanizmów reakcji organicznych,

• pozyskiwania danych termochemicznych (obliczanie ciepła reakcji organicznych i ciepła atomizacji związków organicznych),

• prognozowania procesów starzenia materiałów organicznych,

• projektowania metod utylizacji przemysłowych produktów ubocznych i odpadów organicznych,

• symulacji przemian substancji organicznych zachodzących w atmosferze, glebie, ustroju człowieka, wodzie oraz w innych specyficznych środowiskach (zwłaszcza z zakresu szeroko rozumianej ekologii, np. w ocenie rozkładów i kierunków przemian środków ochrony roślin),

• wspomagania badań w zakresie interakcji leków, w tym oddziaływania środków farmaceutycznych z substancjami chemicznymi obecnymi w ustrojach żywych,

• wspomagania badań związanych z opracowaniem nowych syntez i technologii organicznych (np. w przemyśle chemicznym, farmaceutycznym, włókienniczym, papierniczym, itp.),

• wspomagania procesu nauczania chemii organicznej oraz dziedzin pokrewnych.

Podsumowanie treści monografii należy zakończyć próbą odpowiedzi na pytanie: Co dalej? Jaki dalszy rozwój modelu macierzowego chemii konstytucyjnej (ogólnie, rozwój modelu **D-U**) można przewidzieć? Wydaje się, że najbardziej nęcącym kierunkiem rozwoju modelu **D-U** jest przejście na reprezentację obiektów (cząsteczek organicznych) za pomocą trójwymiarowych macierzy (macierzy eduktów, produktów oraz reakcji). Dodatkowy (trzeci) wymiar mógłby rozwiązać problem jednoznacznego przedstawienia stereochemicznej budowy substancji, umożliwiając generowanie przemian, które uwzględniają specyfikę reguły Cahna-Ingolda- Preloga [Morrison oraz Boyd, 1977].

LITERATURA

[Bart oraz Garagnani, 1976]
Organic reactions schemes and general reaction-matrix types, I Rearrengement reactions
Z. Naturforch. 31b(1976)1646-1653.

[Bart oraz Garagnani, 1977]
Organic reactions schemes and general reaction-matrix types, IIBasic types of synthetic transformations
Z. Naturforch. 32b(1976)455-464.

[Bunin, Siesel, Morales i inni, 2007]
Bunin B.A., Siesel B., Morales G., Bajorath J. (Red.):
Chemoinformatics: Theory, practice & products
Springer-Verlag, Berlin/Heidelberg 2007.

[Carter, 1980]
Carter R.E.:
Astra Hässle A.B., Mölndal, Sweden,
(uczestnik Int. **EUCHEM (NATO)** Conference *Logical Structures in Chemistry*,
Prien (Niemcy) 29-31.10.1980).

[Cichosz, 2000]
Cichosz P.:
Systemy uczące się
Wydawnictwa Naukowo-Techniczne, Warszawa 2000.

[Dubois, 1999]
Dubois J.E.:
Université Paris VII
(informacja prywatna, 10.10.1999).

[Flasiński, 2011]
Flasiński M.:
Wstęp do sztucznej inteligencji
Wydawnictwo Naukowe PWN, Warszawa 2011.

[Gasteiger, 2003]
Gasteiger J. (Red.):
Handbook of chemoinformatics - From data to knowledge
Wiley-VCH, Weinheim 2003.

[Gelernter, 1980]
Gelernter H.:
Stony Brook University, Stony Brook, NY USA,
(uczestnik Int. **EUCHEM (NATO)** Conference *Logical Structures in Chemistry*,
Prien (Niemcy) 29-31.10.1980).

[Grzymała-Busse, Hippe, Knap i inni, 2004]
Grzymała-Busse J.W., Hippe Z.S., Knap M., Mroczek T.:
A New Algorithm for Generation of Decision Trees
TASK Quarterly 8(2004, No 2)243-247.

[Hase, 1990]
http://iupac.org/publications/pac/conferences/Helsinki_1990-07-23w/, z dnia 6.7.2014.

[Hippe, 1980]
Politechnika Rzeszowska, Rzeszów PL,
(uczestnik Int. **EUCHEM (NATO)** Conference *Logical Structures in Chemistry,*
Prien (Niemcy) 29-31.10.1980).

[Hippe, 1993]
Hippe Z.S.:
Zastosowanie metod sztucznej inteligencji w chemii
Wydawnictwo Naukowe PWN, Warszawa 1993, str.198-204, 228-235.

[Hippe, 2011]
Hippe Z.S.:
O szczególnych problemach budowy oraz eksploracji baz danych w projektowaniu leków
W: Nowakowski A. (Red.), VI Krajowa Konferencja Naukowa INFOBAZY 2011 – *Nauka,
Projekty Europejskie, Społeczeństwo Informacyjne*
Gdańsk 5-7.09.2011, Wyd. Centrum Informatyczne TASK, Gdańsk 2011, str. 156-161.

[Hippe, 2014]
Hippe Z.S.:
*A comparison of two approaches used for intelligent planning of complex chemical
syntheses*
W: Hippe Z.S., Kulikowski J.L., Mroczek T., Wtorek J. (Eds.) Issues and challenges in artificial intelligence (Studies in Computational Intelligence 559), Springer International Publishing, Switzerland 2014, str.77-88.

[Hippe, 2014a]
Hippe Z.S.:
Nowe obszary chemometrii: bazy wiedzy czy symulacja wiedzy?
Zadora G., Zuba D., Parczewski A. (Red.) Chemometria w rozwiazywaniu problemów
nauki i praktyki, Wydawnictwo Instytutu Ekspertyz Sądowych, Kraków 2014, str. 19-23.

[Hippe, Fic oraz Mazur, 1990]
Hippe Z.S., Fic G., Mazur M.:
SCANMAT – Computer program system for simulation of chemical reactions
8th Int. IUPAC Conference on Organic Syntheses (**ICOS**), Helsinki 23-27.07.1990.

[Hippe, Fic oraz Mazur, 1992]
Hippe Z.S., Fic G., Mazur M.:
A preliminary appraisal of selected problems in computer-assisted organic synthesis
Rec. Trav. Chim. Pays-Bas 111(1992)255-261.

[Kemula, 1975]
Kemula W. (Red.):
Słownik polskiej terminologii chemicznej
Wydawnictwa Naukowo-Techniczne, Warszawa 1975, str. 270.

[Knuth, 1997]
Knuth D.:
The art of computer programming: Fundamental algorithms
Addison-Wesley 1997. Section 2.3: Trees, str. 308-423.

[Krawiec oraz Stefanowski, 2003]
Krawiec K., Stefanowski J.:
Uczenie maszynowe i sieci neuronowe
Wydawnictwo Politechniki Poznańskiej, Poznań 2003.

[Kurzyński, 2008]
Kurzyński M.:
Metody sztucznej intelidencji dla inżynierów
Stowarzyszenie Wspólnota Akademicka, Legnica 2008.

[Loew, Saller, Hippe i inni, 1997]
Loew P., Saller H., Hippe Z.S., Nowak G.:
InfoChem GmBH program environment in the search for knowledge on chemical reactions
W: Hippe Z.S., Ugi I.K. (Red.) MultiComponent Reactions and Combinatorial Chemistry.
Wydawnictwo Politechniki Rzeszowskiej, Rzeszów 1997, str. 96-107.

[Magnusson, 1978]
Magnusson G.:
Phermone synthesis—II[1]: Preparation of pine sawfly (Hymenoptera: Diprionidae) sex attractants and analogous with possible biological activity
Tetrahedron 34(1978, 9)1385-1388.

[Morrison oraz Boyd, 1977]
Morrison R.T., Boyd R.N.: *Chemia organiczna (Tom 1)*
Wydawnictwo Naukowe PWN, Warszawa 1997, str. 170.

[Russel oraz Norwig, 2003]
Russel S., Norvig P.: *Artificial intelligence: A modern approach* (2/e)
Prentice-Hall Inc., Upper Saddle River (New York, USA) 2003.

[Rutkowski, 2005]
Rutkowski L.: *Metody i techniki sztucznej inteligencji*
Wydawnictwo Naukowe PWN, Warszawa 2005.

[Spialter, 1964]
Spialter L.:
The atom connectivity matrix (ACM) and its characteristic polynomial

J. Chem. Doc. **4**(4,1964)261-269.

[Thompson oraz Koronacki, 2001]
Thompson J.R., Koronacki J.:
Statistical process control: The Deming paradigm and beyond
Chapman and Hall/CRC, New York/London 2001.

[Ugi, Bauer, Bley i inni, 1993]
Ugi I., Bauer J., Bley K., Dengler A., Dietz A., Fontaine E., Gruber B., Herges R., Knauer M., Reitsam K., Stein N.:
Computer-assisted solution of chemical problems – The historical development and the present state of the art of a new discipline in chemistry
Angew. Chem. Int. Ed. Engl. 32(1993)201-227.

[Zieliński, 2000]
Zieliński J.S. (Red.):
Inteligentne systemy w zarządzaniu. Teoria i praktyka
Wydawnictwo Naukowe PWN, Warszawa 2000.

[WWW-1, 2014]
http://nobelprize.org/nobel_prizes/chemistry/laureates/1990/corey-lecture.pdf, z dnia 17.08.2014.

[WWW-2, 2014]
http://www.chemistry.org, z dnia 16.03.2014.

[WWW-3, 2014]
http://fiz-karlsruhe.de/, z dnia 16.03.2014.

[WWW-4, 2014]
http://www.jst.go.jp/EN/, z dnia 16.03.2014.

[WWW-5, 2014]
http://www.lhasalimited.org/, z dnia z dnia 01.12.2014.

[WWW-6, 2014]
http://pl.wikipedia.org/wiki/Kwas_giberelinowy, z dnia 01.12.2014.

[WWW-7, 2014]
http://malicious.fm.interia.pl/inteligencja.htm, z dnia 02.12.2014.

[WWW-8, 2014]
http://infochem.de/products/software/icsynth.shtml, z dnia 02.12.2014.

[WWW-9, 2014]
https://www.thieme.de/en/thieme-chemistry/science-of-synthesis-54780.htm, z dnia 5.12.2014.

ZAŁĄCZNIK A

Opis systemu CSB

System informatyczny **CSB** (*Chemical Sense Builder*) – poprzez symulację reakcji chemicznych – umożliwia *sprawdzenie*, jakim przemianom może podlegać zespół cząsteczek (innymi słowy – zespół substratów), złożony z jednej, dwóch, trzech lub nawet czterech molekuł.

W systemie **CSB** zaimplementowano **cztery** modele komputerowej symulacji reakcji:

• **model Ugi'ego-Dugundji'ego** (model macierzowy chemii konstytucyjnej – preferowany do realizowania przemian chemicznych, których głównym celem jest odkrywanie nowych, nieznanych dotychczas reakcji chemicznych),

• **model zdrowego rozsądku** (nałożenie na model Ugi'ego-Dugundji'ego algorytmu zdrowego rozsądku, odwzorowującego tok myślowy doświadczonego chemika podczas *manualnego* przewidywania przebiegu reakcji chemicznych),

• **model podobieństwa** (wykorzystuje wyniki uczenia maszynowego systemu **CSB**), *oraz*

• **model empiryczny** (umożliwia symulację wyłącznie znanych reakcji chemicznych).

Wspomniana procedura *sprawdzania* nawiązuje do treści monografii, objaśniającej generowanie drzewa syntez. Przy pomocy omawianego narzędzia możemy upewnić się, czy podcele (dowolnej generacji), utworzone *manualnie* (przez chemika) lub *komputerowo* (przez dowolny system informatyczny do projektowania syntez chemicznych), mogą zostać przekształcone w oczekiwany związek docelowy (**TGT**). Dodatkowo jednak, symulacja reakcji przy pomocy omawianego systemu umożliwia sprawdzenie, jakie **inne** związki chemiczne – oprócz oczekiwanego związku docelowego – zostaną utworzone w badanej reakcji. Przygotowane przy pomocy **CSB** *Ćwiczenia literaturowe* pokazują, że – zgodnie z zasadami termodynamiki chemicznej – oprócz związku docelowego, utworzonych zostało w każdym przypadku wiele substancji ubocznych.

Główny zamysł naszego podręcznika, sprowadzający się do nauki samodzielnego projektowania użytecznych syntez chemicznych na przygotowanych *a priori* przykładach, nie wymaga dostępu do systemu informatycznego **CSB**. Z tego względu jego opis został skrócony do niezbędnego minimum.

ZAŁĄCZNIK B

Lista publikacji prof. Ugi'ego

1. R. Huisgen, W. Rapp, I. Ugi, H. Walz, E. Mergenthaler
   "Mittlere Ringe II. Sterische Hinderung der Mesomerie in 1,2-Benzocyclen-3-onen und verwandten Verbindungen"
   Liebigs Ann. Chem. 586, 1-29 (1954)
2. R. Huisgen, I. Ugi, H. Brade, E. Rauenbusch
   "Mittlere Ringe III. Eigenschaften und Reaktionen der 1,2-Benz-lactame"
   Liebigs Ann. Chem. 586, 30-51 (1954)
3. R. Huisgen, W. Rapp, I. Ugi, H. Walz, I. Glogger
   "Mittlere Ringe IV. Darstellung und Eigenschaften der 1,2,3,4-Benzocycla -1,3-dienone-(5)"
   Liebigs Ann. Chem. 586, 52-69 (1954)
4. R. Huisgen, I. Ugi
   "Zur Lösung eines klassischen Problems der organischen Stickstoff-Chemie"
   Angew. Chem. 68, 705-706 (1956)
5. I. Ugi, R. Huisgen, K. Clusius, M. Vecchi
   "Zur Reaktion des Benzol-diazonium-Ions mit Azid. Nachweis des Phenyl-pentazols als Zwischenstufe"
   Angew. Chem. 68, 753-754 (1956)
6. R. Huisgen, J. Witte, I. Ugi
   "Zum Chemismus der Arylwanderung bei der Beckmann-Umlagerung, II"
   Chem. Ber. 90, 1884-1849 (1957)
7. R. Huisgen, I. Ugi, E. Rauenbusch, V. Vossius, H. Oertel
   "Mittlere Ringe IX. Weiteres zur sterischen Mesomeriehinderung in 1,2-Benzo-cyclen-(1)-onen-(3)"
   Chem. Ber. 90, 1946-1959 (1957)
8. R. Huisgen, I. Ugi
   "Pentazole I. Die Lösung eines klassichen Problems der organischen Stickstoffchemie"
   Chem. Ber. 90, 2914-2927 (1957)
9. R. Huisgen, I. Ugi, M.T. Assemi, J. Witte
   "Die Kinetik der Beckmann-Umlagerung der Cyclanon-Oxime"
   Liebigs Ann. Chem. 602, 127-135 (1957)
10. R. Huisgen, I. Ugi
    "Mittlere Ringe XI. Polycyclische Systeme mit Heteroatomen"
    Liebigs Ann. Chem. 610, 57-66 (1957)
11. I. Ugi, R. Huisgen
    "Pentazole II. Die Zerfallsgeschwindigkeit der Arylpentazole"
    Chem. Ber. 91, 531-537 (1958)
12. I. Ugi, R. Meyr
    "Neue Darstellungsmethode für Isonitrile"
    Angew. Chem. 70, 702-703 (1958)
13. I. Ugi, H. Perlinger, L. Behringer
    "Pentazole III. Kristallisierte Arylpentazole"
    Chem. Ber. 91, 2324-2329 (1958)

14. I. Ugi, H. Perlinger, L. Behringer
   "Die Reduktion von Alkyl- und Arylaziden mit alkalischem Arsenit"
   Chem. Ber. 91, 2330-2336 (1958)
15. I. Ugi, H. Perlinger, L. Behringer
   "Pentazole IV. Der Konstitutionsbeweis für kristallisiertes [p-Aethoxy-phenyl]-penta-zol"
   Chem. Ber. 92, 1864-1866 (1959)
16. I. Ugi, R. Meyr, U. Fetzer, C. Steinbrückner
   "Versuche mit Isonitrilen"
   Angew. Chem. 71, 386 (1959)
17. R. Huisgen, E. Laschtuvka, I. Ugi, A. Kammermeier
   "Syntheseversuche in der Oxepin- und Azepin-Reihe"
   Liebigs Ann. Chem. 630, 128-139 (1960)
18. I. Ugi, C. Steinbrückner
   "Über ein neues Kondensations-Prinzip"
   Angew. Chem. 72, 267-268 (1960)
19. I. Ugi
   "Neues über Isonitrile"
   Angew. Chem. 72, 639 (1960)
20. I. Ugi, R. Meyr
   "Isonitrile I. Darstellung von Isonitrilen aus monosubstituierten Formamiden durch Wasserabspaltung"
   Chem. Ber. 93, 239-248 (1960)
21. R. Huisgen, I. Ugi
   "Mittlere Ringe, XVI. Eigenschaften und Konfiguration der 1,4-Benzlactame"
   Chem. Ber. 93, 2639-2704 (1960)
22. I. Ugi, R. Huisgen, D. Pawellek
   "Mittlere Ringe XVIII. Die Synthese von w-[2-Carboxy- phenyl]-fettsäuren durch nitrosierende Spaltung von Derivaten des a-Tetralons"
   Liebigs Ann. Chem. 641, 63-70 (1961)
23. I. Ugi
   "Pentazole"
   Angew. Chem. 73, 172 (1961)
24. I. Ugi, U. Fetzer
   "Einfache Synthese von Depsipeptid-Derivaten"
   Angew. Chem. 73, 621 (1961)
25. I. Ugi, K. Rosendahl
   "Triazin-Derivative aus Isonitrilen und Rhodanwasserstoffsäure"
   Angew. Chem. 73, 656 (1961)
26. I. Ugi, R. Meyr, M. Lipinski, F. Bodesheim, F. Rosendahl
   "Cyclohexyl Isocyanide"
   Org. Syntheses 41, 13-15 (1961)
27. I. Ugi, R. Meyr
   "o-Tolyl Isocyanide"
   Org. Syntheses 41, 101-104 (1961)
28. I. Ugi, C. Steinbrückner
   "Isonitrile II. Reaktion von Isonitrilen mit Carbonylverbindungen, Aminen und Stickstoffwasserstoffsäure"

Chem. Ber. 94, 734-742 (1961)

29. I. Ugi, U. Fetzer
   "Isonitrile III. Die Addition von Carbonsäurechloriden an Isonitrile"
   Chem. Ber. 94, 1116-1121 (1961)

30. I. Ugi, F. Bodesheim
   "Notiz zur Reduktion von Isonitrilen mit Alkali- und Erdalkalimetallen in flüssigem Ammoniak"
   Chem. Ber. 94, 1157-1158 (1961)

31. I. Ugi, F. Beck
   "Solvolyse von Carbonsäurederivaten I. Reaktion von Carbonsäurehalogeniden mit Wasser und Aminen"
   Chem. Ber. 94, 1839-1850 (1961)

32. I. Ugi, R. Meyr
   "Isonitrile V. Erweiterter Anwendungsbereich der Passerini-Reaktion"
   Chem. Ber. 94, 2229-2233 (1961)

33. I. Ugi, K. Rosendahl
   "Isonitrile VI. Umsetzungen von Isonitrilen mit Ketenen"
   Chem. Ber. 94, 2233-2238 (1961)

34. I. Ugi, U. Fetzer
   "Isonitrile VII. Die Reaktion von Cyclohexyl-isocyanid mit Phenylmagnesiumbromid"
   Chem. Ber. 94, 2239-2243 (1961)

35. I. Ugi, F. Bodesheim
   "Isonitrile VIII. Umsetzung an Isonitrilen mit Hydrazonen und Stickstoffwasserstoffsäure"
   Chem. Ber. 94, 2797-2801 (1961)

36. I. Ugi, C. Steinbrückner
   "Isonitrile IX. a-Addition von Immonium-Ionen und Carbonsäure-Anionen an Isonitrile"
   Chem. Ber. 94, 2802-2814 (1961)

37. I. Ugi, W. Betz, U. Fetzer, K. Offermann
   "Notiz zur Darstellung von Isonitrilen aus monosubstituierten Formamiden durch Wasserabspaltung mittels Phosgen und Trialkylaminen"
   Chem. Ber. 94, 2814-2816 (1961)

38. I. Ugi
   "Neuere Methoden der präparativen organischen Chemie IV. Mit Sekundär-Reaktionen gekoppelte a- Additionen von Immonium-Ionen und Anionen an Isonitrile"
   Angew. Chem. 74, 9-22 (1962); Angew. Chem. Int. Ed. Engl. 1, 8-21 (1962)

39. I. Ugi, E. Wischhöfer
   "Isonitrile XI. Synthese einfacher Penicillansäure- Derivate"
   Chem. Ber. 95, 136-140 (1962)

40. U. Fetzer, I. Ugi
   "Isonitrile XII. Synthese von Depsipeptid-Derivaten mittels der Passerini-Reaktion"
   Liebigs Ann. Chem. 659, 184-189 (1962)

41. I. Ugi, F. Beck, U. Fetzer
   "Solvolyse von Carbonsäurederivaten II. Hydrolyse von Carbonsäure-imidchloriden"
   Chem. Ber. 95, 126-135 (1962)

42. F. Beck, E. Böttner, K. Offermann, K. Rosendahl, K. Sjöberg, I. Ugi
   "Neue a-Eliminierungen und a-Additionen"

Angew. Chem. 74, 513 (1962)

43. I. Ugi
"Pentazole V. Zum Mechanismus der Bildung und des Zerfalls von Phenyl-pentazol"
Tetrahedron 1963, 1801-1803 (1963)

44. I. Ugi, K. Offermann
"Asymmetrische 1,3-Induktion bei der a-Addition von Immonium-Ionen und Carbox-ylat-Anionen an Isonitrile"
Angew. Chem. 75, 917 (1963); Angew. Chem. Int. Ed. Engl. 2, 624 (1963)

45. I. Ugi, F.K. Rosendahl, F. Bodesheim
"Isonitrile XIII. Kondensation von primären Aminen und Ketonen mit Isonitrilen und Rhodanwasserstoffsäure"
Liebigs Ann. Chem. 666, 54-61 (1963)

46. I. Ugi, F. Bodesheim
"Isonitrile XIV. Umsetzung von Isonitrilen mit Hydrazonen und Carbonsäuren"
Liebigs Ann. Chem. 666, 61-64 (1963)

47. I. Ugi, F.K. Rosendahl
"Isonitrile XV. 1-Cyclohexenyl-isocyanid"
Liebigs Ann. Chem. 666, 65-67 (1963)

48. I. Ugi, E. Böttner
"Isonitrile XVI. Mit O->C-Acyl-Wanderung gekoppelte a-Additionen von N-Alkylchino-linium- und Carboxylat-Ionen der Isonitrile"
Liebigs Ann. Chem. 670, 74-80 (1963)

49. I. Ugi, F. K. Rosendahl
"Isonitrile XVII. Addition von Rhodanwasserstoffsäure an Isonitrile"
Liebigs Ann. Chem. 670, 80-82 (1963)

50. I. Ugi, E. Böttner
"Penicillamin-nitril"
Liebigs Ann. Chem. 670, 83-84 (1963)

51. I. Ugi
"Pentazoles"
in: 'Advances in Heterocyclic Chemistry', Bd. III, Herausg.: A.R. Katritzky, Academic Press, New York 373-383 (1964)

52. I. Ugi, K. Offermann, H. Herlinger
"Vorversuche zu Peptid-Synthesen mit Isonitrilen"
Angew. Chem. 76, 613 (1964); Angew. Chem. Int. Ed. Engl. 3, 656 (1964)

53. I. Ugi, K. Offermann
"Isonitrile XVIII. Hydantoin-Imide-(4)"
Chem. Ber. 97, 2276-2281 (1964)

54. I. Ugi, K. Offermann
"Isonitrile XIX. Die Kondensation von Carbonsäuren, Aldehyden und Isonitrilen mit primären aliphatischen Aminen, die einen abspaltbaren Alkyl- oder Alkenyl-Rest tragen"
Chem. Ber. 97, 2996-3007 (1964)

55. I. Ugi, W. Betz, K. Offermann
"Isonitrile XX. Das Tropylium-Ion als a-Additionspartner von Isonitrilen"
Chem. Ber. 97, 3008-3011 (1964)

56. I. Ugi, K. Offermann, H. Herlinger
"a-Eliminierung und a-Additionen - die Grundprinzipien der Chemie der Isonitrile"

Chimia 18, 278-279 (1964)

57. I. Ugi
"Die Sonderstellung der Isonitrile in der organischen Chemie. a-Additionen und a-Eliminierungen"
in: 'Jahrbuch der Akademie der Wissenschaften in Göttingen', Vandenhoeck & Rupprecht, Göttingen, 21-48 (1964)

58. I. Ugi
"Stereospezifische Synthesen 1. Die Beschreibung korrespondierender Reaktionspaare mit Hilfe antisymmetrischer linearer Freie-Enthalpie-Beziehungen"
Z. Naturforschung 20b, 405-409 (1965)

59. I. Ugi, U. Fetzer, U. Eholzer, H. Knupfer, K. Offermann
"Neuere Methoden der präparativen organischen Chemie IV. Isonitril-Synthesen"
Angew. Chem. 77, 492-504 (1965); Angew. Chem. Int. Ed. Engl. 4, 452-464 (1965)

60. H. Herlinger, H. Kleimann, K. Offermann, D. Rücker, I. Ugi
"Isonitrile XXI. Asymmetrisch induzierte Synthesen von a-Aminosäure-Derivaten"
Liebigs Ann. Chem. 692, 94-99 (1966)

61. I. Ugi
"a-Additionen an Isonitrile. Tripeladditionen und Vierkomponenten-Kondensationen"
in: 'Neuere Methoden der Präparativen Organischen Chemie', Bd. IV, Herausg.: W. Foerst Verlag Chemie, Weinheim 1-36 (1966)

62. I. Ugi, U. Fetzer, U. Eholzer, H. Knupfer, K. Offermann
"Isonitril-Synthesen"
in: 'Neuere Methoden der Präparativen Organischen Chemie', Bd. IV, Herausg.: W. Foerst Verlag Chemie, Weinheim 37-61 (1966)

63. E. Ruch, I. Ugi
"Das stereochemische Strukturmodell, ein mathematisches Modell zur gruppen-theoretischen Behandlung der dynamischen Stereochemie"
Theoret. Chim. Acta (Berl.) 4, 287-304 (1966)

64. E. Ruch, A. Schönhofer, I. Ugi
"Die Vandermondesche-Determinante als Näherungsansatz für eine Chiralitäts-Beobachtung, ihre Verwendung in der Stereochemie und zur Berechnung der optischen Aktivität"
Theoret. Chim. Acta 7, 420-432 (1967)

65. H. Herlinger, H. Kleimann, I. Ugi
"Stereoselektive Synthesen II. Die stereoselektive Acylierung racemischer primärer Amine durch optisch aktive gemischte Anhydride"
Liebigs Ann. Chem. 706, 37-46 (1967)

66. I. Ugi, K. Offermann, H. Herlinger, D. Marquarding
"Stereoselektive Synthesen III. Die Umsetzung von (S)-a-Phenyläthylamin und Isobutyraldehyd mit Benzoesäure und tert.-Butyl-isocyanid als Modell-Reaktion für stereoselektive Peptid-Synthesen mittels Vierkomponenten-Kondensationen"
Liebigs Ann. Chem. 709, 1-10 (1967)

67. I. Ugi, G. Kaufhold
"Stereoselektive Synthesen IV. Der Reaktionsmechanismus stereoselektiver Vierkomponenten- Kondensationen"
Liebigs Ann. Chem. 709, 11-28 (1967)

68. E. Schnabel, H. Herzog, P. Hoffmann, E. Klauke, I. Ugi
"Tert.-Butyl-fluorformiat, ein neues Reagens für Peptid-Synthesen"

Angew. Chem. 80, 396 (1968); Angew. Chem. Int. Ed. Engl. 7, 380 (1968)

69. E. Schnabel, H. Herzog, P. Hoffmann, E. Klauke, I. Ugi
"Synthese und Verwendung von tert.-Butyloxycarbonylfluorid und anderen Fluorkohlensäureestern zur Darstellung säurelabiler Urethan-Derivate von Aminosäuren"
Liebigs Ann. Chem. 716, 175-185 (1968)

70. E. Schnabel, H. Herzog, P. Hoffmann, E. Klauke, I. Ugi
"Tert.-Butyloxycarbonylfluorid als neues Reagens zur Synthese von BOC-Aminosäuren"
in: 'Peptides 1968', Herausg.: E. Bricas North-Holland Publishing Company, Amsterdam 91-98 (1968)

71. E. Ruch, I. Ugi
"The Stereochemical Analogy Model - A Mathematical Theory of Dynamic Stereochemistry"
in: 'Topics in Stereochemistry', Bd. IV, Herausg.: N.L. Allinger, E.L. Eliel Wiley, New York 99-125 (1969)

72. H. Hagemann, D. Arlt, I. Ugi
"N-Chlor-chlorformimidsäurechlorid aus Chlorcyan und Chlor"
Angew. Chem. 81, 572 (1969); Angew. Chem. Int. Ed. Engl. 8, 606 (1969)

73. I. Ugi
"A Novel Synthetic Approach to Peptides by Computer Planned Stereoselective Four Component Condensations of a-Ferrocenyl Alkylamines and Related Reactions"
Rec. Chem. Progr. 30, 389-311 (1969)

74. D. Marquarding, P. Hoffmann, H. Heitzer, I. Ugi
"Stereoselective Four Component Condensations of a-Ferrocenylethylamine and its Absolute Configuration"
J. Amer. Chem. Soc. 92, 1969-1971 (1970)

75. D. Marquarding, H. Klusacek, G. Gokel, P. Hoffmann, I. Ugi
"Correlation of Central and Planar Chirality in Ferrocene Derivates"
J. Amer. Chem. Soc. 92, 5389-5393 (1970)

76. G. Gokel, P. Hoffmann, H. Klusacek, D. Marquarding, E. Ruch, I. Ugi
"Die Stereochemie des a-Ferrocenyl-äthyl-Kations"
Angew. Chem. 82, 77-78 (1970); Angew. Chem. Int. Ed. Engl. 9, 64-65 (1970)

77. D. Marquarding, H. Klusacek, G. Gokel, P. Hoffmann, I. Ugi
"Sterisch gezielte Synthesen von planaren Chiroiden"
Angew. Chem. 82, 360-361 (1970); Angew. Chem. Int. Ed. Engl. 9, 371 (1970)

78. I. Ugi, D. Marquarding, H. Klusacek, G. Gokel, P. Gillespie
"Chemie und logische Strukturen"
Angew. Chem. 82, 741-771 (1970); Angew. Chem. Int. Ed. Engl. 9, 703-730 (1970)

79. G. Gokel, P. Hoffmann, H. Kleimann, H. Klusacek, D. Marquarding, I. Ugi
"Remarks on the Asymmetric Lithiation of (S)-1-Ferrocenyl-methyl-2-methylpiperidine and Related Subjects"
Tetrahedron Lett. 21, 1771-1774 (1970)

80. P. Hoffmann, D. Marquarding, H. Kleimann, I. Ugi
"Isonitriles"
in: 'The Chemistry of the Cyano Group', Herausg.: S. Patai, Z. Rappoport, J. Wiley & Sons, Interscience Publishers, New York 853-883 (1970)

81. G.W. Gokel, I.K. Ugi

"Retentive Nucleophile Substitutionen an (R)-a-Ferrocenyläthyl-acetat" (*"Retentive Nucleophilic Substitution of (R)-a-Ferrocenyl Acetate"*)
Angew. Chem. 83, 178-179 (1971); Angew. Chem. Int. Ed. Engl. 10, 191-192(1971)

82. P. Gillespie, I. Ugi
"Die mechanistischen Grenzfälle der nucleophilen aliphatischen Substitutionen aus neuer Sicht"
Angew. Chem. 83, 493-496 (1971); Angew. Chem. Int. Ed. Engl. 10, 503-506 (1971)

83. P. Gillespie, P. Hoffmann, H. Klusacek, D. Marquarding, S. Pfohl, F. Ramirez, E.A. Tsolis, I. Ugi
"Bewegliche Molekül-Gerüste-Pseudorotation und Turnstile-Rotation pentakoordinierter Phosphorverbindungen und verwandte Vorgänge"
Angew. Chem. 83, 691-721 (1971); Angew. Chem. Int. Ed. Engl. 10, 687-715 (1971)

84. I. Ugi, P. Gillespie
"Beschreibung chemischer Systeme und ihrer Umwandlungen durch BE-Matrizen und ihre Transformation"
Angew. Chem. 83, 980-981 (1971); Angew. Chem. Int. Ed. Engl. 10, 914-915(1971)

85. I. Ugi, P. Gillespie
"Stoffbilanz-erhaltende Synthesewege und semi-empirische Syntheseplanung mittels elektronischer Datenverarbeitung"
Angew. Chem. 83, 982-985 (1971); Angew. Chem. Int. Ed. Engl. 10, 915-918(1971)

86. I. Ugi, D. Marquarding, H. Klusacek, P. Gillespie, F. Ramirez
"Berry Pseudorotation and Turnstile Rotation"
Accounts Chem. Res. 4, 288-296 (1971)

87. I. Ugi
"Isonitrile Chemistry"
Academic Press, New York 1-278 (1971)

88. P. Hoffmann, G. Gokel, D. Marquarding, I. Ugi
"Isonitrile Syntheses"
in: 'Isonitrile Chemistry', Herausg.: I. Ugi, Academic Press, New 9-39 (1971)

89. D. Marquarding, G. Gokel, P. Hoffmann, I. Ugi
"The Passerini Reaction and Related Reactions"
in: 'Isonitrile Chemistry', Herausg: I. Ugi, Academic Press, New York 133-143 (1971)

90. G. Gokel, G. Lüdke, I. Ugi
"Four-Component Condensations and Related Reactions"
in: 'Isonitrile Chemistry', Herausg: I. Ugi, Academic Press, New York 145-199 (1971)

91. G. Gokel, P. Hoffmann, H. Kleimann, H. Klusacek, G. Lüdke, D. Marquarding, I. Ugi
"Peptide Syntheses"
in: 'Isonitrile Chemistry',Herausg: I. Ugi, Academic Press, New York 201-215 (1971)

92. F. Ramirez, I. Ugi
"Turnstile Rearrangement and Pseudorotation in the Permutational Isomerization of Pentavalent Phosphorus Compounds"
in: 'Advances in Physical Organic Chemistry', Herausg.: V. Gold, Academic Press, London 9, 25-126 (1971)

93. F. Ramirez, S. Pfohl, E.A. Tsolis, J.F. Pilot, C.P. Smith
"Permutational Isomerization of Caged Polycyclis Oxyphosphoranes. Turnstile Rotation and Pseudorotation"
Phosphorus 1, 1-16(1971)

94. I. Ugi

"The Potential of Four Component Condensations for Peptide Syntheses - A Study in Isonitrile and Ferrocene Chemistry as well as Stereochemistry and Logics of Syntheses"
Intra-Sci. Chem. Rep. 5, 229-261 (1971)

95. F. Batelle, R. Bau, G.W. Gokel, R.T. Oyakawa, I. Ugi
"Absolute Konfiguration eines 1,2-disubstituierten Ferrocen-Derivats mit zwei verschiedenen chiralen Substituenten"
Angew. Chem. 84, 164-165 (1972); Angew. Chem. Int. Ed. Engl. 11, 138 (1972)

96. W.P. Weber, G.W. Gokel, I. Ugi
"Phasenübergangs-Katalyse bei der Hofmannschen Carbylamin-Reaktion"
Angew. Chem. 84, 587 (1972); Angew. Chem. Int. Ed. Engl. 11, 530 (1972)

97. I. Ugi, P. Gillespie, C. Gillespie
"Chemistry, a Finite Metric Topology - Synthetic Planning, an Exercise in Algebra"
Trans. New York Acad. Sci. II 34, 416-432 (1972)

98. G. Gokel, I.K. Ugi
"Preparation and Resolution of N,N-Dimethyl-a-Ferrocenylethylamine"
J. Chem. Educ. 49, 294-296 (1972)

99. I. Ugi, F. Ramirez
"The Stereochemistry of Five-Coordinate Phosphorus"
Chemistry in Britain 8, 198-206 (1972)

100. G.W. Gokel, D. Marquarding, I. Ugi
"The Retentive Nucleophilic Displacements of a-Substituted Alkylferrocenes"
J. Org. Chem. 37, 3052-3058 (1972)

101. A.S. Arora, I. Ugi
"Stereoselektive Olefin-Synthesen"
in: 'Houben-Weyl, Methoden der Organischen Chemie', Bd. V/1b, Herausg.: E. Müller, G. Thieme Verlag, Stuttgart 728-945 (1972)

102. F. Ramirez, I. Ugi
"Influence of the Five-Coordinate State of Phosphorus on Reaction Mechanism, Syntheses and Stereochemistry"
in: 'Proceedings of the Vth All Union Conference on the Chemistry of Organophosphorus Compounds', Moscow, U.S.S.R. 138 (1972)

103. B. Beijer, E.v. Hinrichs, I. Ugi
"Bildung von Isocyaniden bei der Umsetzung on N-monosubstituierten Formamiden mit Phosphanen und Azodicarbonsäure-Derivaten"
Angew. Chem. 84, 957 (1972); Angew. Chem. Int. Ed. Engl. 11, 929 (1972)

104. E. Anders, E. Ruch, I. Ugi
"Experimentelle Prüfung des stereochemischen Strukturmodells am Beispiel der stereoselektiven Acylierung racemischer sekundärer Alkohole mit Phenyltrifluormethylketen"
Angew. Chem. 85, 16-20 (1973); Angew. Chem. Int. Ed. Engl. 12, 25-29 (1973)

105. F. Ramirez, S. Glaser, P. Stern, P.D. Gillespie, I. Ugi
"Fünfgliedrige cyclische Acylphosphate, neue hochreaktive Phosphorylierungsmittel"
Angew. Chem. 85, 39-40 (1973); Angew. Chem. Int. Ed. Engl. 12, 66-67 (1973)

106. D. Marquarding, F. Ramirez, I. Ugi, P.D. Gillespie
"Austausch-Reaktionen von Phosphor-(V)-Verbindungen und ihre Pentakoordinierten Zwischenstufen"
Angew. Chem. 85, 99-127 (1973), Angew. Chem. Int. Ed. Engl. 12, 91-118 (1973)

107. L.F. Batelle, R. Bau, G.W. Gokel, R.T. Oyakawa, I.K. Ugi

154

"Absolute Configuration of a 1,2-Disubstituted Ferrocene Derivative with Planar and Central Elements of Chirality and the Mechanism of the Stereoselective Metalations of Optically Active a- Ferrocenyl Tertiary Amines"
J. Amer. Chem. Soc. 95, 482-486 (1973)

108. S. Stüber, I. Ugi
"Herstellung von (R,S)-N,N-Dimethyl-1-ferrocenyl-äthylamin"
Synthesis 309 (1973)

109. F. Ramirez, J. Marecek, I. Ugi, D. Marquarding
"Caged Polycyclic Oxyphosphoranes derived from Hexafluorobiacetyl"
Phosphorus 3, 91-94 (1973)

110. R. Ramirez, P. Stern, S.L. Glaser, I. Ugi, P. Lemmen
"Selective Phosphorylations of Primary Alcohols in the Presence of Unprotected Secondary Alcohols"
Phosphorus 3, 165-173 (1973)

111. J. Dugundji, I. Ugi
"An Algebraic Model of Constitutional Chemistry as a Basis for Chemical Computer Programs"
Top. Curr. Chem. 39, 19-64 (1973)

112. F. Ramirez, S.L. Glaser, P. Stern, I. Ugi, P. Lemmen
"Five Membered Cyclic Acyl Phosphates"
Tetrahedron 29, 3741-3752 (1973)

113. P.B. Valkovich, G.W. Gokel, I. Ugi
"Asymmetric Induction, Time and Solvent Dependence in the Metallation of Ferrocenylalkyl Ethers"
Tetrahedron Lett. 31, 2947-3950 (1973)

114. H.v. Zychlinski, I. Ugi, D. Marquarding
"Modellversuche zur Verknüpfung von Peptid-Fragmenten unter Vermeidung racemisierungsanfälliger aktiver Peptid-Derivate"
Angew. Chem. 86, 517-518 (1974); Angew. Chem. Int. Ed. Engl. 13, 473-474(1974)

115. F. Ramirez, S. Lee, P. Stern, I. Ugi, P.D. Gillespie
"Intermolecular Ligand Exchange in Five-Coordinate Phosphorus Compounds"
Phosphorus 4, 21-23 (1974)

116. F. Ramirez, Y.F. Chaw, J.F. Marecek, I. Ugi
"Oxyphosphorane Models for Displacement Reactions of Pyrophosphates"
J. Amer. Chem. Soc. 96, 2429-2433 (1974)

117. A.S. Arora, E.v. Hinrichs, I. Ugi
"Titration von Isocyaniden"
Z. Anal. Chem. 269, 124 (1974)

118. F. Ramirez, I. Ugi, F. Lin, S. Pfohl, P. Hoffmann, D. Marquarding
"Permutational Isomerization of Caged Polycyclic Oxyphosphoranes"
Tetrahedron 30, 371-376 (1974)

119. J. Blair, J. Gasteiger, C. Gillespie, P.D. Gillespie, I. Ugi
"Representation of the Constitutional and Stereochemical Features of Chemical Systems in the Computer Assisted Design of Syntheses"
Tetrahedron 30, 1845-1859 (1974)

120. J. Gasteiger, P.D. Gillespie, D. Marquarding, I. Ugi
"From van't Hoff to Unified Perspectives in Molecular Structure and Computer Oriented Representation"

Topics Curr. Chem. 48, 1-37 (1974)

121. J. Blair, J. Gasteiger, C. Gillespie, P.D. Gillespie, I. Ugi
"CICLOPS - A Computer Program For the Design of Syntheses on the Basis of a Mathematical Model"
in: 'Computer Representation and Manipulation of Chemical Information', Herausg.: W.T. Wipke, S.R. Heller, R.J. Feldmann, E. Hyde, John Wiley, New York 129-145 (1974)

122. I. Ugi
"Eine neue Phase der Chemie. Logisches Strukturmodell und Computerprogramme zur Darstellung chemischer Verbindungen und Reaktionen"
IBM Nachrichten 24, 180-184 (1974)

123. I. Ugi, J. Gasteiger, J. Brandt, J. Brunnert, W. Schubert
"Chemische Syntheseplanung mit dem Computer"
IBM Nachrichten 24, 185-189 (1974)

124. S. Stüber, I. Ugi
"6-Amino- und 6-Dimethylamino-2,4-heptadien-tricarbonyleisen"
Synthesis 437-440 (1974)

125. F. Ramirez, I. Ugi
"Recent Developments in Oxyphosphorane Chemistry"
Bull. Soc. Chim. 453-470 (1974)

126. I. Ugi, F. Ramirez, E.v. Hinrichs, P. Lemmen, J. Firl
"Silyl Esters of a Five-membered Cyclic Acyl Phosphate"
Chem. Commun. 979-980 (1974)

127. G. Eberle, D. Marquarding, I. Ugi, R. Urban
"Organometallic Reagents in Peptide Synthesis"
in: 'Abstracts of the international Symposium on Metals in Organic Chemistry in Venice', Sept. 1974, C1, 1-7 (1974)

128. F. Ramirez, I. Ugi
"Phosphorylating Reagents for Oligonucleotide Synthesis"
Proc. Int. Conf. 1974 on Recent. Dev. Oligonucleotide Synth. Chem. Minor Bases tRNA, Herausg.: Paryzek, Z.; Uniw. im. Adama Mickiewicza, Poznan 53-88 (1974)

129. F. Ramirez, I. Ugi
"Preparation, Reaction Mechanism, and Stereochemistry of Compounds with a five-coordinated Phosphorus Atom"
Khim. Primen. Fosfororg. Soedin., T. Konf., 5th 1972; Herausg.: M.I. Kabachnik, E.E. Nifant'ev; "Nauka" Moskau (1974)

130. I. Ugi, A. Arora, H. Burghard, G. Eberle, H. Eckert, G. George, G. Gokel, H. Herlinger, E.v. Hinrichs, P. Hoffmann, H. Kleimann, H. Klusacek, H.L. Lam, D. Marquarding, H.S. Nah, K., Offermann, D. Rehn, S. Stüber, M. Tamasi, R. Urban, L. Wackerle, S. Zahr, H.v. Zychlinski
"Four Component Condensations (4CC), a Potential Alternative to Conventional Peptide Synthesis - the Solution of the Stereoselectivity and Auxiliary Group Removal Problems"
in: 'Peptides 1974', Herausg.: Y. Wolman, J. Wiley & Sons, Israel University Press, Jerusalem 71-92 (1975)

131. T.E. Gomati, D. Lenoir, I. Ugi
"Experimenteller Nachweis eines neuartigen mechanistischen Grenztypus der aliphatischen nucleophilen Substitution"

Angew. Chem. 87, 66-67 (1975); Angew. Chem. Int. Ed. Engl. 14, 59-61 (1975)

132. R. Urban, I. Ugi
"Asymmetrisch induzierte Vierkomponenten-Kondensationen mit extrem hoher Stereoselektivität und Selektivitäts-Multiplikation"
Angew. Chem. 87, 67-69 (1975); Angew. Chem. Int. Ed. Engl. 14, 61-62 (1975)

133. H. Eckert, I. Ugi
"Kobalt(I)-phthalocyanin-Salze, in neutralem Medium stabile "supernukleophile" Vitamin-B12- Modellsubstanzen"
Angew. Chem. 87, 847-848 (1975), Angew. Chem. Int. Ed. 14, 825-826 (1975)

134. H.L. Carrel, H.M. Berman, J.S. Ricci, W.C. Hamilton, F. Ramirez, J.F. Marecek, L. Kramer, I. Ugi
"Crystal and Molecular Structure of a Caged Polycyclic Tetraoxycarbonphosphorane, (PO4C)(C6H5CN)(CF3)2(C6H9)"
J. Amer. Chem. Soc. 97, 38-46 (1975)

135. F. Ramirez, J.F. Marecek, I. Ugi
"Synthesis of Unsymmetrical Phosphodiesters by Means of Cyclic Enediol Pyrophosphates"
J. Amer. Chem. Soc. 97, 3809-3817 (1975)

136. H. Eckert, G.N. Schrauzer, I. Ugi
"Fragmentierungen durch Supernucleophile - I. Der 2-Chloräthoxy-carbonyl-Restals N-terminale, mit Supernucleophilen selektiv abspaltbare Schutzgruppe von Aminosäuren"
Tetrahedron 31, 1399-1401 (1975)

137. F. Ramirez, J.F. Marecek, I. Ugi, P. Lemmen, D. Marquarding
"Phosphate and Oxyphosphorane Models for Adenosine-3',5'-cyclophosphate"
Phosphorus 5, 73-84 (1975)

138. F. Ramirez, J.F. Marecek, I. Ugi
"A New Reagent for the Phosphorylative Coupling of two Different Alcohols"
Synthesis 99-100 (1975)

139. L. Wackerle, I. Ugi
"Verbesserte Herstellung von t-Butoxycarbonyl-fluorid und dessen Verwendung zur Synthese von 1- Boc-3-formylindol, einem neuen Reagenz zur Verknüpfung von Peptid-Fragmenten"
Synthesis 598-599 (1975)

140. G. Eberle, I. Ugi
"Wiedergewinnung der chiralen a-Ferrocenylalkylamine bei der stereoselektiven Peptid-Synthese durch Vierkomponentenkondensation"
Angew. Chem. 88, 509-510 (1976); Angew. Chem. Int. Ed. Engl. 15, 492-493 (1976)

141. R. Urban, G. Eberle, D. Marquarding, D. Rehn, H. Rehn, I. Ugi
"Synthese eines isomerenfreien Tetravalin-Derivates durch stereoselektive Vier-Komponenten- Kondensation und exponentielle Selektivitätsverstärkung"
Angew. Chem. 88, 644-646 (1976); Angew. Chem. Int. Ed. Engl. 15, 627-628 (1976)

142. H. Eckert, I. Ugi
"Neue Schutzgruppentechnik - Spaltung von b-Halogenalkyl-Estern mit supernucleophilem Cobalt(I)-phthalocyanin"
Angew. Chem. 88, 717-718 (1976); Angew. Chem. Int. Ed. Engl. 15, 681 (1976)

143. T.E. Gomati, J. Gasteiger, D. Lenoir, I. Ugi

"Über den stereochemischen Verlauf von SN2-Reaktionen an cis- und trans-3-Äthox-ycyclobutyl- Verbindungen"
Chem. Ber. 109, 826-832 (1976)

144. I. Ugi, P. Lemmen
"Notiz über eine verbesserte Methode zur Darstellung von 5t-Acetyl-2r-methoxy-5c-methyl-2,4- dioxo-1,3,2l5-dioxaphospholan (cis-Methyl-CAP)"
Chem. Ber. 109, 3738-3739 (1976)

145. J. Dugundji, D. Marquarding, I. Ugi
"Chirality and Hyperchirality"
Chemica Scripta 9, 74-96 (1976)

146. J. Albanbauer, K. Burger, E. Burgis, D. Marquarding, L. Schabl, I. Ugi
"Dynamische Stereochemie der (4-1,4,2l5-Oxaza-phospoline"
Liebigs Ann. Chem. 36-53 (1976)

147. J. Dugundji, P.D. Gillespie, D. Marquarding, I. Ugi, F. Ramirez
"Metric Spaces and Graphs Representing the Logical Structure of Chemistry"
in: 'Chemical Applications of Graph Theory', Herausg.: A.T. Balaban, Academic Press, London 107-174 (1976)

148. K. Burger, D. Marquarding, I. Ugi, H. Gold
"Reaktivität der Carbonyl-Gruppe"
in: Houben-Weyl, 'Methoden der Organischen Chemie', Bd. VII, Teil 2b, Herausg.: E. Müller, Thieme, Stuttgart 1912-1926 (1976)

149. H. Eckert, I. Ugi
"Fragmentierung mit Supernukleophilen. II. Ligandenbedingte, grundlegende Unter-schiede im Reaktionsverhalten von Kobalt(I)-Supernukleophilen beim Umsetzen mit N-Phenyl-O-[b- halogenäthyl]-urethan bzw. dessen N-Methyl-Derivat"
J. Organomet. Chem. 118, C55-C58 (1976)

150. H. Eckert, I. Ugi
"Fragmentierung mit Supernukleophilen. III. Die reduktive Fragmentierung von 2-Benzoyloxy-äthyl- kobalt(III)-phthalocyanin als Modellreaktion für eine neue Schutzgruppentechnik bei Peptidsynthesen"
J. Organomet. Chem. 118, C59-C61 (1976)

151. F. Ramirez, I. Ugi
"New Syntheses of Unsymmetrical Phosphodiesters Based on the Oxyphosphorane Concept"
Phosphorus Sulfur 1, 231-244 (1976)

152. I. Ugi, H. Aigner, B. Beijer, D. Ben-Efraim, H. Burghard, P. Bukall, G. Eberle, H. Eckert, D. Marquarding, D. Rehn, R. Urban, L. Wackerle, H.v. Zychlinsky
"New Methods for Peptide Synthesis with Organometallic Reagents and Isocyanides"
in: 'Peptides 1976', Herausg.: A. Loffet, Editions de L'Universite, Bruxelles 159-181 (1976)

153. G. Skorna, I. Ugi
"Isonitril-Synthese mit Diphosgen"
Angew. Chem. 89, 267-268(1977); Angew. Chem. Int. Ed. Engl. 16, 259-260 (1977)

154. T.E. Gomati, J. Firl, I. Ugi
"Notiz zur Konstitutionsermittlung der Umsetzungsprodukte von Diphenylketen mit Isonitrilen"
Chem. Ber. 110, 2012-2015 (1977)

155. R. Urban, D. Marquarding, P. Seidel, I. Ugi, A. Weinelt

"Notiz zur Synthese optisch aktiver a-Isocyancarbonsäure-Derivate für Peptidsynthesen mittels Vier- Komponenten-Kondensation (4CC)"
Chem. Ber. 110, 2012-2015 (1977)

156. D. Marquarding, A. Schutz, I. Ugi
"Mechanismus der Umlagerung von Dimethylsulfamidsäuremethylester zum Trimethylammonium- N-sulfonat"
Chem. Ber. 110, 2656-2658 (1977)

157. J. Dugundji, D. Marquarding, I. Ugi
"The Indeterminateness of Chirality Functions in Hyperchiral Families"
Chemica Scripta 11, 17-24 (1977)

158. J. Brandt, J. Friedrich, J. Gasteiger, C. Jochum, W. Schubert, I. Ugi
"Computers as an Aid in Organic Synthesis Design"
in: 'Computers in Chemical Education and Research', Herausg.: E.V. Ludena,
N.H. Sabelli, A.C. Wahl, Plenum Press, New York 337-355 (1977)

159. J. Brandt, J. Friedrich, J. Gasteiger, C. Jochum, W. Schubert, I. Ugi
"Computer Programs for the Deductive Solution of Chemical Problems on the Basis of a Mathematical Model of Chemistry"
in: 'Computer Assisted Organic Synthesis',Symposium Series No. 61, Herausg.:
W.T. Wipke, W.J. Howe, Amer. Chem. Soc., Washington DC 33-59 (1977)

160. I. Ugi, G. Eberle, H. Eckert, I. Lagerlund, D. Marquarding, G. Skorna, R. Urban,
L. Wackerle, H.v. Zychlinski
"The Present Status of Peptide Synthesis by Four-Component Condensation and Related Chemistry"
in: 'Peptides', (Proc. of the 5th Amer. Peptide Sympos.), Herausg.: M. Goodman,
J. Meienhofer, Halsted Press, Wiley & Sons, New York 484-487 (1977)

161. D. Marquarding, H. Burghard, I. Ugi, R. Urban, H. Klusacek
"A New Method for the Determination of the Absolute Configuration and Optical Purity of Chiral Ferrocene Derivatives through Stereorelating Metallation of a-Dimethylamino Alkylferrocenes"
J. Chem. Res. (S) 82-83 (1977); (M) 0915-0958 (1977)

162. D. Rehn, I. Ugi
"Isocyanides as Activating Reagents for Carboxylic Acids; Ester Syntheses under Mild Conditions"
J. Chem. Res. (S) 119 (1977); (M) 1501-1506 (1977)

163. H. Eckert, D. Lenoir, I. Ugi
"Stabile tertiäre und sekundäre Cobaloxime. Reaktion von Cobaloxim(I) mit Bromiden aus der Reihe des Adamantans und Norborans"
J. Organomet. Chem. 141, C23-C27 (1977)

164. J. Brandt, C. Jochum, I. Ugi, P. Jochum
"Unlimited Non-Linear Selectivity Effects in Systems of Independent Parallel Reactions as a Basis for New Chemical Separation Techniques"
Tetrahedron 33, 1353-1363 (1977)

165. H. Eckert, I. Lagerlund, I. Ugi
"Fragmentation with Supernucleophiles - VI. b-Haloalkyl Groups as Functional Protection in Peptide Synthesis. A Kinetic Study of the Reaction of the Cobalt(I)-phthalocyanine Anion with Organic Halides"
Tetrahedron 33, 2243-2247 (1977)

166. A. Gieren, B. Dederer, G. George, D. Marquarding, I. Ugi

"Die Bildung von Aminomalonsäure-Derivaten als Nebenreaktion von Vierkomponenten- Kondensation (4CC) und die röntgenographische Ermittlung der Struktur eines Vertreters"
Tetrahedron Lett. 18, 1503-1506 (1977)

167. A. Gieren, B. Dederer, I. Ugi, S. Stüber
"Übergangsmetallkatalysierte Selbstkondensation von (E)-Benzaldoxim und röntgenographische Strukturbestimmung des Produktes"
Tetrahedron Lett. 18, 1507-1510 (1977)

168. H. Eckert, M. Listl, I. Ugi
"Der 2,2,2-Trichlor-tert.-butyloxycarbonyl-(TCBOC)-Rest, eine säure- und basestabile, schonend abspaltbare Schutzgruppe"
Angew. Chem. 90, 388-389 (1978); Angew. Chem. Int. Ed. Engl. 17, 361-362 (1978)

169. R. Herrmann, I. Ugi
"Direkte Bildung des a-Ferrocenylisobutyl-Kations aus Ferrocen und Isobutyraldehyd"
Angew. Chem. 90, 734-735 (1978); Angew. Chem. Int. Ed. Engl. 17, 689-690 (1978)

170. G. Skorna, R. Stemmer, I. Ugi
"Isocyanmethyl-polystyrol"
Chem. Ber. 111, 806-810 (1978)

171. G. Skorna, I. Ugi
"Bifunktionelle Isocyanide als Reagenzien zur Einführung von Isocyangruppen in Polystyrol- Divinylbenzol-Copolymere"
Chem. Ber. 111, 3965-3968 (1978)

172. I. Ugi, J. Brandt, J. Friedrich, J. Gasteiger, C. Jochum, P. Lemmen, W. Schubert
"The Deductive Solution of Chemical Problems by Computer Programs on the Basis of a Mathematical Model of Chemistry"
Pure & Appl. Chem. 50, 1303-1318 (1978)

173. W. Schubert, I. Ugi
"Constitutional Symmetry and Unique Descriptors of Molecules"
J. Am. Chem. Soc. 100, 37-41 (1978)

174. E.v. Hinrichs, I. Ugi
"Synthesis of 1,3,4,2-Dioxyphospholes from Arylhydroxamic Acids and Phosphorus Halides"
J. Chem. Research (S) 338 (1978); (M) 3973-3993 (1978)

175. P. Bukall, I. Ugi
"Photolytic Removal of a 4-Pyridyl-(t-butyl-amino-carbonyl)methyl Auxiliary Group from the Amide Nitrogen of a Four Component Condensation Product"
Heterocycles 11, 467-470 (1978)

176. I. Ugi
"Die Stadien der organischen Synthese seit Liebig"
Gießener Universitätsblätter, Heft 2, 67-79 (1978)

177. G. Eberle, I. Lagerlund, I. Ugi, R. Urban
"Preparation of 1-Ferrocenyl-2-methyl-1-propylamine, a Highly Effective Chiral Template in Asymmetrically Induced Synthesis"
Tetrahedron 34, 977-980 (1978)

178. J. Dugundji, R. Kopp, D. Marquarding, I. Ugi
"A Quantitative Measure of Chemical Chirality and Its Application to Asymmetric Synthesis"

Topics Curr. Chem. 75, 165-180 (1978)

179. R. Urban, D. Marquarding, I. Ugi
"Asymmetrische Synthesen mit unbegrenzter Stereoselektivität. Die Synthese isomerenfreier Peptid- Derivate mittels stereoselektiver Vierkomponenten-Kondensation"
Hoppe-Seyler's Z. f. Physiol. Chem. 359, 1541-1552 (1978)

180. I. Ugi, D. Marquarding, R. Urban
"Extremely Stereoselective Syntheses of Peptide by 4CC"
in: 'Proceedings of the Second FRG-USSR Symposium on Chemistry of Peptides and Proteins', in Grainau-Eibsee, Obb., Mai 1978, MPG, München 29-31 (1978)

181. R. Urban, I. Ugi
"The Synthesis of Naturally Occurring Peptide Sequences by Stereoselective Four Component Condensation"
in: 'Proceedings of the Second FRG-USSR Symposium on Chemistry of Peptides and proteins', in Grainau-Eibsee,Obb Mai 1978, MPG, München 32-33 (1978)

182. H. Eckert, M. Listl, I. Ugi
"2,2,2-Trichloro-tert.-butyloxycarbonyl [TCBOC], a Protection Group stable towards Acids and Bases and selectively cleavable under mild Conditions"
in: 'Proceedings of the Second FRG-USSR Symposium on Chemistry of Peptides and Proteins', in Grainau-Eibsee,Obb., Mai 1978,MPG, München 146-148 (1978)

183. I. Ugi, H. Bauer, J. Brandt, J. Friedrich, J. Gasteiger, C. Jochum, W. Schubert
"Scope and Limitations of the Deductive Solution of Chemical Problems by Computer Programs"
in: 'Textes Conf. Cadre Congr. Int. 'Contrib. Calc. Electron. Dev. Genie Chim. Chim. Ind. A, 140-141 (1978)

184. I. Ugi, J. Bauer, J. Brandt, J. Friedrich, J. Gasteiger, C. Jochum, W. Schubert
"Neue Anwendungsgebiete für Computer in der Chemie"
Angew. Chem. 91, 99-111 (1979); Angew. Chem. Int. Ed. Engl. 18, 111-123 (1979)

185. R. Herrmann, I. Ugi
"Eintopfsynthesen von a-Ferrocenylalkyleaminen"
Angew. Chem. 91, 1023-1024 (1979); Angew. Chem. Int. Ed. Engl. 18, 956-957 (1979)

186. G. Skorna, I. Ugi
"Schonende Veresterung von N-terminal geschützten Aminosäuren mittels der Vier-Komponenten- Kondensation (4CC)"
Chem. Ber. 112, 776-777 (1979)

187. W. Schubert, I. Ugi
"Darstellung chemischer Strukturen für die computergestützte deduktive Lösung chemischer Probleme"
Chimia 33, 183-191 (1979)

188. H. Eckert, I. Ugi
"Spaltung b-halogenierter Urethane mit Kobalt(I)-phthalocyanin; eine neue Schutzgruppentechnik für Peptid-Synthesen"
Liebigs Ann. Chem. 278-295 (1979)

189. I. Ugi, J. Bauer, J. Brandt, J. Friedrich, J. Gasteiger, C. Jochum, W. Schubert, J. Dugundji
"Ein Mathematisches Modell der konstitutionellen Chemie und darauf beruhende Computerprogramme"
Inform. Comm. Math. Chem. 6, 159-176 (1979)

190. J. Friedrich, I. Ugi
"Substructure Searching and Structure Property Locating by Means of Subgraph Generation"
Inform. Commun. Math. Chem. 6, 201-211 (1979)

191. S. Zahr, I. Ugi
"4,4,4-Trichloro-2-butenal and Analogs as Reagents for Peptide Synthesis"
Synthesis 4, 266-267 (1979)

192. W. Schubert, I. Ugi
"Simulation of Chemical Reactions by Basetransformation of Ensembles of Molecules"
in: 'Papers contributed to the IV. International Conference on Computers in Chemistry. II', Juni 1978; Herausg.: V.A. Koptjug, Novosibirskij Inst. Organ. Chimii, SO AN SSR, Novosibirsk (1979)

193. H. Eckert, W. Breuer, J. Geller, I. Lagerlund, M. Listl, D. Marquarding, S. Stüber, I. Ugi, S. Zahr, H.v. Zychlinski
"New Methods in Peptide Synthesis, based on Supernucleophiles"
Pure Appl. Chem. 51, 1219-1233 (1979)

194. H.A. Kellner, I. Ugi
"(2-Trichlormethyl-2-propyl)-chlorophosphate als Phosphorylierungs-Reagentien"
Z. Naturforschung 34b, 1159-1161 (1979)

195. A. Schutz, I. Ugi
"Die Synthese eines Cephamderivats mittels Vierkomponenten-Kondensation"
Z. Naturforschung 34b, 1303-1306 (1979)

196. H. Dauner, D. Lenoir, I. Ugi
"Der retentive Verlauf nukleophiler Substitutionen an 7- exo-Norcaryltriflat"
Z. Naturforschung 34b, 1745-1749 (1979)

197. A. Schutz, I. Ugi, H. J. Kabbe
"Synthesis of a Penicillin Derivative by a Four-Component Condensation"
J. Chem. Res. (S) 157 (1979); (M) 2064-2071 (1979)

198. I. Ugi
"The Four Component Synthesis"
in: 'The Peptides', Vol.2. Herausg.: M. Meienhofer, E. Gross; Academic Press, New York 365 (1979)

199. R. Urban, D. Marquarding, I. Ugi
"The Synthesis of Alamethicin-Fragments by Four Component Condensation"
in: Proc. Am. Pept. Symp. 6th S, 727-729 (1979)

200. C. Jochum, J. Gasteiger, I. Ugi
"Das Prinzip der minimalen chemischen Distanz (PMCD)"
Angew. Chem. 92, 503-513 (1980); Angew. Chem. Int. Ed. Engl. 19, 495-505 (1980)

201. J. Friedrich, I. Ugi
"Substructure Retrieval and the Analysis of Structure- Activity Relations on the Basis of a Complete and Ordered Set of Fragments"
J. Chem. Res. (S) 70; (M) 1301-1380; (M) 1401-1497; (M) 1501-1550 (1980)

202. I. Ugi, J. Bauer, J. Brandt, J. Friedrich, J. Gasteiger, C. Jochum, W. Schubert, J. Dugundji
"Computer Programs for the Deductive Solution of Chemical Problems on the Basis of Mathematical Model - A Systematic Bilateral Approach to Reaction Pathways"
in: 'Computational Methods in Chemistry', Herausg.: J. Bargon, Plenum Press, New York 275-300 (1980)

203. G. Meggendorfer, R. Schwarz, I. Ugi
"Darstellung von 2-(b-Chloräthyoxy)-2-oxo-4,5-dimethyl-1,3,2.l5-dioxyphospholen, einem neuen Phosphorylierungsmittel"
Tetrahedron Lett. 21, 2493-2496 (1980)

204. P. Seidel, I. Ugi
"4,4,4-Trichlor-(2-1-butenyl-dichlorphosphat und -dichlorphosphit, zwei Reagentien für die Synthese von Oligonukleotiden"
Z. Naturforschung 35b, 1584-1586 (1980)

205. I. Ugi, W. Breuer, P. Bukall, S. Falou, R. Herrmann, D. Marquarding, P. Seidel, R. Urban
"Neue Aspekte der Peptidsynthese mittels Vierkomponentenkondensation"
in: 'Proc. of III USSR-FRG Symposium on Chemistry of Peptides and Proteins' Makhachkala, Okt. 1979, Publishing Office NAUKA, Moscow 56 (1980)

206. R. Urban, D. Marquarding, I. Ugi
"The Synthesis of Peptides with Unusual Amino Acids with Four Component Condensation"
in: Proc. of III USSR-FRG Symposium on Chemistry of Peptides and Proteins, Makhachkala, Okt. 1979, Academy of Science of the USSR; Publishing Office NAUKA, Moscow 57-59 (1980)

207. J. Friedrich, I. Ugi
"CORREL II, an improved Substructure Search System and a Structure/Activity Analysis System with a Pre-generated Hierarchic Network of Substructures"
in: Proc. of the Table Ronde, Roussel Uclaf, Paris 26-28 (1980)

208. I. Ugi
"Prediction of Environmental Properties on the Basis of a Mathematical Model of Constitutional Chemistry"
Comm. Eur. Communities [Rep.] EUR 1980; EUR 6388, Environ. Res. Programme, 663-666 (1980)

209. J. Dugundji, J. Showell, R. Kopp, D. Marquarding, I. Ugi
"A Group Theoretical Analysis of Conformational Flexibility"
Isr. J. Chem. 20, 20-35 (1980)

210. D. Lenoir, H. Dauner, I. Ugi, A. Gieren, R. Hübner, V. Lamm
"Reaktion von Arylbromiden mit Cobaloxim(I). röntgenstrukturanalyse des Umsetzungsproduktes von cis-3-Ethoxycyclobutylbrosylat mit (Pyridin)cobaloxim(I)"
J. Organomet. Chem. C39-C42 (1980)

211. H.A. Kellner, R.G.K. Schneiderwind, H. Eckert, I.K. Ugi
"Bis(2,2,2-trichlor-1,1-dimethylethyl)monochlorophosphat, ein selektives Reagens für Phosphorylierung und Schutz der 5'-OH-Gruppe von Nucleosid-Derivaten"
Angew. Chem. 93, 581-582 (1981); Angew. Chem. Int. Ed. Engl. 20, 577-578 (1981)

212. R. Schwarz, I. Ugi
"Synthese hochreaktiver cyclischer Endiolphosphate und cyclischer Acylphosphate durch direkten phosphorylierenden Ringschluß"
Angew. Chem. 93, 836-838 (1981); Angew. Chem. Int. Ed. Engl. 20, 789-791 (1981)

213. P. Bukall, I. Ugi
"Cleavage of 4-Pyridylglycine Derivates by Ni(II)-phthalocyanine Catalyzed Autoxidation – Model Experiments for Peptide Segment Coupling by Four Component Condensations"
Heterocycles 15, 381-390 (1981)

214. R. Herrmann, I. Ugi
"The Electrophilic Substitution of Ferrocene by Protonated Carbonyl Compounds"
Tetrahedron 37, 1001-1009 (1981)

215. R.G.K. Schneiderwind, I. Ugi
"Die 2,2,2-Trichlor-tert-butyloxycarbonyl-Gruppe als N-Schutzgruppe bei Oligonukle-otidsynthesen"
Z. Naturforschung 36b, 1173-1175 (1981)

216. R. Arshady, I. Ugi
"Solid Phase Peptide Synthesis by Four Component Condensation; Peptide Formation on an Isocyano Polymer Support"
Z. Naturforschung 36b, 1202-1203 (1981)

217. P. Seidel, I. Ugi
"Die Photoaddition von Bromtrichlormethan an Acrolein-diethylacetal und die Synthese von 4,4,4- Trichlor-(2-butenal"
Z. Naturforsch. 36b, 1655-1657 (1981)

218. I. Ugi
"Die historische Entwicklung der Begriffe und logischen Grundlagen der Chemie - der Weg bis zur Computerchemie"
Internationales Döbereiner-Kolloquium, Herausg.: F. Bolck; Friedrich-Schiller-Universität Jena 57-69 (1981)

219. I. Ugi, J. Bauer, J. Brandt, J. Dugundji, R. Frank, J. Friedrich, A.v. Scholley, W. Schubert
"Mathematical Model of Constitutional Chemistry and System of Computer Programs for Deductive Solution of Chemical Problems"
in: 'Data Processing in Chemistry', Herausg.: Z. Hippe, Elsevier Scientific Publishing Company, Amsterdam 219-228 (1981)

220. I. Ugi, D. Marquarding
"Synthesis by Four Component Condensation (Ugi Reaction)"
Yu Chi Hua Hsueh 1, 49-57 (1981)

221. R. Arshady, I. Ugi
"Synthese makromolekularer Isocyanide mit allgemeiner Lösungsmittel - Verträglichkeit - Neuartige Polymerträger für Festphasen-Synthesen"
Angew. Chem. 94, 367 (1982); Angew. Chem. Int. Ed. Engl. 21 374 (1982); Angew. Chem. Suppl. 761-768 (1982)

222. R. Herrmann, I. Ugi
"Chirale zweikernige Carbenkomplexe aus (R,R)-1-(1- Dimethylaminoethyl)-2-lithio-ferrocene and Hexacarbonylwolfram"
Angew. Chem. 94, 798-799 (1982); Angew. Chem. Int. Ed. Engl. 21, 788 (1982); Angew. Chem. Suppl. 1630-1642 (1982)

223. I. Ugi, D. Marquarding, R. Urban
"Synthesis of Peptides by Four-Component Condensation"
in: 'Chemistry and Biochemistry of Amino Acids, Peptides and Proteins', Bd. 6. Herausg.: B. Weinstein, Marcel Dekker, New York 245-289 (1982)

224. P. Seidel, I. Ugi
"Die Photoaddition von Bromtrichlormethan an Allyl-Systeme"
Z. Naturforschung 37b, 376-379 (1982)

225. P. Seidel, I. Ugi
"Die Synthese von 1-substituierten 4,4,4-Trichlor-(2-trans-butenen"

Z. Naturforschung 37b, 499-503 (1982)

226. C. Jochum, J. Gasteiger, I. Ugi, J. Dugundji
"The Principle of Minimum Chemical Distance and the Principle of Minimum Structure Change"
Z. Naturforschung 37b, 1205-1215 (1982)

227. G. Giesemann, E.v. Hinrichs, I. Ugi
"Synthesis of Chiral a-Isocyano Esters and other Base-sensitive Isocyanides with Oxomethylenebis- (3H+-Imidazolium)bis (methanesulphonate), a Versatile Dehydrating Reagent"
J. Chem. Res. (S) 79 (1982)

228. W. Breuer, I. Ugi
"A Fast and Convenient Test for the Racemization of Amino Acids during Peptide Syntheses based on 19F-Nuclear Magnetic Resonance Spectroscopy"
J. Chem. Res. (S) 271 (1982); (M) 2901-2945 (1982)

229. I. Ugi
"Die Evolution der organischen Chemie und ihre Meilensteine - Von Wöhler bis zur Computerchemie"
Chimica Didactica 8, 103-122 (1982)

230. J. Bauer, I. Ugi
"Chemical Reactions and Structures without Precedent generated by Computer Programs"
J. Chem. Res. (S) 298 (1982); (M) 3101-3196 u. 3201- 3260 (1982)

231. I. Ugi
"Von Isocyaniden via Vierkomponenten-Kondensationen zu Antibiotika-Synthesen"
Angew. Chem. 94, 826-835, 1982; Angew. Chem. Int. Ed. Engl. 21, 810-819 (1982)

232. I. Ugi, W. Breuer, P. Bukall, S. Falou, G. Giesemann, R. Herrmann, G. Hübener, D. Marquarding, I. Seidel, R. Urban
"New Aspects of Peptide Synthesis by Four Component Condensations"
in: 'Chemistry of Peptides and Proteins', Bd. 1 Herausg.: W. Voelter, E. Wünsch, Y. Orchimickov, V. Ivanov De Gruyter, Berlin 203-208 (1982)

233. I. Ugi, J. Geller
"The selective Cleavage of Carbonamide Groups, and the Synthesis of b-Lactam Antibiotics by Four Component Condensation"
Chem. Scripta 22, 85-89 (1983)

234. I. Ugi, G. Giesemann
"Chloralimine [N-(2,2,2-Trichlorethyliden)-amine]"
Synthesis 788-789 (1983)

235. P. Lemmen, I. Ugi
"Synthese und Bestimmung der absoluten Konfiguration des medialen (1R,1S,2S) - und des distalen (S,S)-1,1'-Dimethyl- 2,2-Spiro-Biindans"
Liebigs Ann. Chem. 688-677 (1983)

236. I. Ugi, R. Herrmann, A.J.L. Pombeiro
"Etudo de propriadef redox de complexos ferrocenos substitudos"
in: Proc. d. Vier-Nationen-Treffens in Brtaga, Portugal, Port Chem. Ges. (1983)

237. I. Ugi, R.G.K. Schneiderwind
"Die 2,2,2-Trichlor-t.-butyloxycarbonyl-Gruppe, eine neue N-Schutzgruppe für Oligonucleotidsynthesen"
Tetrahedron 30, 2207-2210 (1983)

238. I. Ugi, J. Dugundji, R. Kopp, D. Marquarding
"Perspectives in Theoretical Stereochemistry"
Lecture Note Series, Bd. 36, Springer, Heidelberg 1-265 (1984)

239. I. Ugi, I. Götz
"The Synthesis of 2-Chloro-2-oxo-4.5-dimethyl-1.3.2.l5- dioxaphospholene (CEP Chloride)"
Heterocycles 21, 265-269 (1984)

240. I. Ugi, R. Herrmann, H. Martin
"Synthesis of Chiral N-(Ferrocenylalkyl)hydroxylamines"
J. Organomet. Chem. 269, 87-89 (1984)

241. I. Ugi, R. Obrecht, S. Tour
"Recent Developments in b-Lactam Synthesis by Four Component Condensation"
Heterocycles 21, 271-277 (1984)

242. I. Ugi, R. Schneiderwind-Stöcklein
"Der 2-Trichlormethyl-2-propyl-Rest als Phosphatschutz in der Oligonucleotid-Synthese"
Z. Naturforschung 39b, 968-971 (1984)

243. I. Ugi
"De Jove et de bove"
Nachr. Chem. Techn. Lab. 31, 276 (1984)

244. I. Ugi
"Pentazoles"
in: 'Comprehensive Heterocyclic Chemistry', Bd. 5, Herausg.: A.R. Katritzky, C.W. Rees, Pergamon, New York 839-845 (1984)

245. I. Ugi, H. Aigner, M.L.v. Arnaez, G. Glahsl, P. Lemmen, R. Stöcklein-Schneiderwind, M. Balla-Tamasi
"Synthesen mit Derivaten von Nucleosiden, a-Aminosäuren, Peptiden und b-Lactam-Antibiotika als Anwendungsbeispiele für HPLC. Studium und Optimierung selektiver chemischer Reaktionen mittels HPLC"
in: 'Vorträge anläßlich der Königsteiner Chromatographie-Tage', Herausg.: H. Aigner, ISBN3- 924485-00-3, Waters GmbH, Eschborn 1-39 (1984)

246. R. Arshady, I. Ugi
"Determination of isocyano groups on polymer supports by bromination"
Talanta 31, 842-843 (1984)

247. J. Bauer, R. Herges, E. Fontain, I. Ugi
"IGOR and Computer assisted Innovation in Chemistry"
Chimia 39, 43-53 (1985)

248. R. Herges, I. Ugi
"Synthese siebengliedriger Ringe durch [s2 + p2) + p2] Cycloaddition an Homodiene"
Angew. Chem. 97, 596-597 (1985); Angew. Chem. Int. Ed. Engl. 24, 594-596 (1985)

249. G. Hering, R. Stöcklein-Schneiderwind, I. Ugi, T. Pathak, N. Balgobin, J. Chattopadhyaya
"Preparation and properties of chloro-N,N-dialkylamino- 2,2,2-trichlorethoxy- and chloro- dialkylamine 2,2,2-trichloro-dimethyl-ethoxyphosphines and their deoxynucleoside phosphiteamidates"
Nucleosides and Nucleotides 4, 169-171 (1985)

250. K. Seeholzer, M. Baumeister, I. Ugi

"The detection of racemized amino acids by Mosher's acid"
in: 'Proc. of the Akabory Conf. 1985' MPG, Martinsried 14-15 (1985)

251. R. Obrecht, R. Herrmann, I. Ugi
"Isocyanide Syntheses with Phosphoroxychloride and Diisopropylamine"
Synthesis 400-403 (1985)

252. R. Herrmann, G. Hübener, I. Ugi
"Chiral Sulfoxides from a-Dimethylaminoethyl ferrocene"
Tetrahedron 41, 941-947 (1985)

253. X.X. Zhou, I. Ugi, J. Chattopadhyaya
"A convenient Preparation of N-protected Nucleosides with the 2,2,2-Trichloro-t-bu-tyloxycarbonyl (TCBOC) Group. Structural Assignment of N,N-bis TCBOC Guanoside and its Deoxy Analogue"
Acta Chem. Scand. B39, 761-765 (1985)

254. I. Ugi
"Qualitative Mathematical Concepts, Models and Theories for Computer Assistance in Chemistry"
J. Indian. Chem. Soc. 62, 864-868 (1985)

255. A. Gieren, C.-P. Kaerlein, T. Hübner, R. Herrmann, F. Siglmüller, I. Ugi
"Stereoselektive Synthese und Struktur von [1-(Amino-1S,2S,5R- 2-isopropyl-5-methylcyclohexyl]- (S)-methylferrocen"
Tetrahedron 42, 427-434 (1985)

256. I. K. Ugi, J. Brandt, A.v. Scholley, S. Minker, M. Wochner, H. Schönmann, B. Straupe
"Hierarchisch strukturierte Speicherung und Ermittlung von chemischen Reaktionen"
Forschungsbericht, Information und Dokumentation, BMFT-FB-ID85-005, FIZ Karlsruhe 1-190 (1985)

257. R. Herges, I. Ugi
"Cycloadditionen von Homodienen"
Chem. Ber. 119, 829-836 (1986)

258. R. Herrmann, G. Hübener, F. Siglmüller, I. Ugi
"Chirale a-Ferrocenylalkylamine"
Liebigs Ann. Chem. 1986, 251-268

259. W.E. Hull, K. Seeholzer, M. Baumeister, I. Ugi
"A modified Synthesis of Mosher's Acid and its Use in a sensitive Stereoisomer Analysis of Amino Acid Derivates"
Tetrahedron 42, 547-552 (1986)

260. I. Ugi, H. Aigner, G. Glahsl, R. Herges, G. Hering, R. Herrmann, G. Hübener, P. Lemmen, R. Obrecht, D. Rehn, R. Schwarz, K. Seeholzer, F. Siglmüller, J. Stackebrandt, R. Stöcklein-Schneiderwind, S.T. Amadou, H.v. Zychlinski
"New Reagents and Methods for the Synthesis of Peptides, b-Lactams and Oligonucleotides"
in: 'Natural Produkt Chemistry', Herausg.: Atta-ur-Rahman, Springer-Verlag, Heidelberg 457-484 (1986)

261. I. Ugi, J. Bauer, E. Fontain, J. Götz, G. Hering, P. Jacob, B. Landgraf, R. Karl, P. Lemmen, R. Schneiderwind-Stöcklein, R. Schwarz, P. Sluka, N. Balgobin, J. Chattopadhyaya, T. Pathak, X.X. Zhou
"New Posphorylating Reagents and Protective Group Techniques for Oligonucleotide Synthesis, as well as Computer Assistance in the Design of Reagents"

Chemica Scripta 26, 205-215 (1986)

262. M. Wochner, I. Ugi
"Die Lösung kommt vom Computer"
Chem. Industrie 498-501 (1986)

263. R. Herges, I. Ugi
"Improved Preparation of 2-Oxabicyclo[3.1.0]hex-3-ene (Homofuran) and 2-Thia-bicyclo [3.1.0] hex- 3-ene (Homothiophene)"
Synthesis 1059 (1986)

264. F. Siglmüller, R. Herrmann, I. Ugi
"Chiral a-Ferrocenylalkylamines from (-)-Menthone"
Tetrahedron 5931-5940 (1986)

265. I. Ugi
"Logic and Order in Stereochemistry"
Chimia 40, 340-350 (1986)

266. J.H. Youn, R. Herrmann, I. Ugi
"Synthesis of Enantiomerically Enriched a-Sulfenylated Ketones and Aldehydes"
Synthesis 2, 159-161 (1987)

267. E. Fontain, J. Bauer, I. Ugi
"Computer Assisted Bilateral Generation of Reaction Networks from Educts and Products"
Chem. Letters 37-40 (1987)

268. P. Lemmen, R. Karl, I. Ugi, N. Balgobin, J. Chattopadhyaya
"Bausteine für Oligonukleotidsynthesen mit einheitlich fragmentierbaren b-haloge-nierten Schutzgruppen"
Z. Naturforschung 42 C, 442-445 (1987)

269. I. Ugi, M. Baumeister, C. Fleck, R. Herrmann, R. Obrecht, F. Siglmüller, J.H. Youn
"Is there Hope, that Four Component Condensations will become useful for Peptide and Protein Chemistry?"
in: 'Peptides 1986', Herausg.: D. Theodoropoulos, Walter de Gruyter & Co, Berlin
103-106 (1987)

270. E. Fontain, J. Bauer, I. Ugi
"Computerunterstützte mechanistische Analyse der Streith-Reaktion mit dem Programm RAIN"
Z. Naturforschung 42b, 889-891 (1987)

271. P. Lemmen, I. Ugi
"The Chiroptic Properties of the Diastereomeric 1,1'- Dimethyl-2,2'-spiro-biindones - a Comparative Study"
Chemica Scripta 27, 297-301 (1987)

272. R. Herges, I. Ugi
"Zuordnungsprobleme"
Angew. Chem. 99, 610 (1987); Angew. Chem. Int. Ed. Engl. 26, 703 (1987)

273. H. Martin, R. Herrmann, I. Ugi
"Synthese einer chiralen Thienamycin-Vorstufe"
Z. Naturforschung 42b, 1588-1590 (1987)

274. M. Wochner, I. Ugi
"Molecular Logic and Computer Assistance in Chemistry"
J. Mol. Structure (Theochem) 165, 229-242 (1988)

275. I. Ugi, J. Achatz, M. Baumgartner-Rupnik, B. Danzer, C. Fleck, G. Glahsl,

R. Herrmann, P. Jacob, C. Kambach, R. Karl, M. Klein, B. Landgraf, P. Lemmen,
H. Martin, G. Neyer, R. Obrecht, B. Westinger
"New Reagents and Methods for the Synthesis of b-Lactams, Peptides and Oligonucleotides"
in: 'Natural Product Chemistry III', Herausg.: Atta-ur-Rahma, Springer, Heidelberg,
S. 107 -133 (1988)

276. J. Bauer, E. Fontain, I. Ugi
"Computer-assisted bilateral Solution of chemical Problems and Generation of Reaction Networks"
Anal. Chim. Acta 210, 123-134 (1988)

277. I. Ugi, P. Jacob, B. Landgraf, C. Rupp, P. Lemmen, U. Verfürth
"Phosphite Oxidation and the Preparation of five-membered cyclic phosphorylating Reagents"
Nucleosides and Nucleotides 7, 605-608 (1988)

278. D. Forstmeyer, J. Bauer, E. Fontain, R. Herges, R. Herrmann, I. Ugi
"Die Umsetzung von Tropon mit einem Homopyrrol zu einem Käfigmolekül - Die computerunterstützte Entdeckung einer präzedenzlosen Reaktion von hohem Neuheitsgrad"
Angew. Chem. 100, 1618-1619 (1988); Angew. Chem. Int. Ed. Engl. 27, 1558-1559 (1988)

279. J. Bauer, E. Fontain, D. Forstmeyer, I. Ugi
"Interactive Generation of organic Reactions by IGOR 2 and PC-assisted Discovery of a new Reaction"
Tetrahedron Comput. Methodol. 1, 129-132 (1988)

280. P. Lemmen, R. Baumgartner, I. Ugi, F. Ramirez
"The Deformation of the Phosphorane Skeleton as Evidence for Reorganization Pathways"
Chemica Scripta 28, 451-464 (1988)

281. M. Wochner, J. Brandt, A.v. Scholley, I. Ugi
"Chemical Similarity, Chemical Distance and its Exact Determination"
Chimia 42, 217-225 (1988)

282. I. Ugi, J. Bauer, R. Baumgartner, E. Fontain, D. Forstmeyer, S. Lohberger
"Computer Assistance in the Design of Syntheses and a new Generation of Computer Programs for the Solution of chemical Problems by molecular Logic"
Pure & Appl. Chem. 60, 1573-1586 (1988)

283. I. Ugi, J. Bauer, E. Fontain
"Molecular Logic and the deductive Solution of chemical Problems"
Wiss. Zeitung T.H. Leuna-Merseburg 31, 9-17 (1989)

284. J. Brandt, I. Ugi
"Computer Applications in Chemical Research and Education"
Hüthig-Verlag, Stuttgart 1-449 (1989)

285. I. Ugi
"A global mathematical Model of Chemistry - The mathematical Contributions of James Dugundji to Chemistry"
in: 'Computer in chemical Research and Education', Herausg.: J. Brandt, I. Ugi,
Hüthig Verlag, Stuttgart 345-366 (1989)

286. B. Westinger, I. Ugi

"A new Approach to Peptide Synthesis by stereoselective Four-Component Condensation"
in: 'Chemistry of Peptides and Proteins', Proceedings of the German-Soviet Peptide Symposium 1987 Hamburg, Herausg.: W. König, Attempto-Verlag, Tübingen
4, 107-110 (1989)

287. F. Siglmüller, R. Herrmann, I. Ugi
"Chirale Ferrocenylalkylamine aus dem natürlichen 'chiral Pool'"
Liebigs Ann. Chem. 623-635 (1989)

288. R. Karl, P. Lemmen, I. Ugi
"Synthesis of 3'-Isocyano-3'-deoxythymidine"
Synthesis 9, 718-719 (1989)

289. I. Ugi
"From Pentazole to high-dimensional Chemistry"
Proc. Estonian Acad. Sci. Chem. 38, 225-229 (1989)

290. B. Westinger, C. Fleck, M. Goebel, R. Herrmann, R. Karl, S. Lohberger, S. Reil, F. Siglmüller, I. Ugi
"New chiral Templates for Peptide Synthesis by Four Component Condensation as well as related Methods and Reagents"
Proc. German-Soviet Peptide Symposium (1989)

291. I. Ugi, J. Bauer, E. Fontain
"Reaction Pathways on a PC"
in: 'Personal Computers for Chemists', Herausg.: J. Zupan, Elsevier, Amsterdam
135-154 (1990)

292. G. Neyer, J. Achatz, B. Danzer, I. Ugi
"The Synthesis of Carbapenem and Carbacephem Derivatives by a Combination of 4CC with the Chemistry of Oxazoles and N-Boc-carbonamides"
Heterocycles 30, 863-869 (1990)

293. I. Ugi, M. Wochner, E. Fontain, J. Bauer, B. Gruber, R. Karl
"Chemical Similarity, Chemical Distance and Computer assisted formalized Reasoning by Analogy"
in: 'Concepts and Applications of Chemical Similarity', Herausg.: M.A. Johnson, G.M. Maggiora, John Wiley & Sons, Inc., New York 239-288 (1990)

294. I. Ugi, N. Bachmeier, R. Herrmann, P. Jacob, R. Karl, M. Klein, B. Landgraf, P. Lemmen, W. Richter, U. Verfürth
"Synthesis and Reactivity of five-membered cyclic phosphorylating Reagents and other Auxiliaries for the Synthesis of Oligonucleotides"
Phosphorus Sulfur & Silicon 51/52, 57-60 (1990)

295. W. Richter, R. Karl, I. Ugi
"A programmed five-membered cyclic phosphorylating Reagent for Oligonucleotide Synthesis and its Use"
Tetrahedron 46, 3167-3172 (1990)

296. J. Friedrich, W. Schubert, I. Ugi
"Computer-aided Chemical Structure-handling Techniques in Structure-Activity Relationship Systems"
in: 'Short-Term Toxicity Tests for Non-genotoxic Effects', Scope 41, IPCS Joint Symposia 8, SGOMSECY, Herausg.: P. Bourdeau, E. Somers, G.M. Richardson, J.R. Hickman, J. Wiley & Sons, New York 339-345 (1990)

297. R. Arshady, I. Ugi

"Synthesis and Characterization of polymer supports carrying isocyano groups"
Polymer 31, 1164-1169 (1990)

298. I. Ugi, J. Bauer, E. Fontain
"Transparent formal Methods for reducing the combinatorial Wealth of conceivable Solutions to a chemical Problem - Computer-Assisted Elucidation of complex Reaction Mechanisms"
Anal. Chim. Acta 235, 155-161 (1990)

299. I. Ugi
"Application of new formal-logical Methods to chemical Problems"
Proc. Estonian Acad. Sci Chem. 39, 193-200 (1990)

300. K. Bley, I. Ugi
"Computer-assisted Analysis of Qualitative Structure/Activity Relations in Organic Molecules"
in: 'Software Development in Chemistry 4' Herausg.: J. Gasteiger, Springer, Heidelberg 67-73 (1990)

301. W. Richter, I. Ugi
"The preparation and use of 2-Chloro-2,4-dioxo-3-methyl-tetrahydro- 1,2,3l5-thiaphosphole, a highly reactive Reagent for the Synthesis of Oligonucleotides"
Synthesis 661-663 (1990)

302. I. Ugi, B. Gruber, N. Stein, A. Demharter
"Set-valued Maps as a mathematical Basis of Computer Assistance in Stereochemistry"
J. Chem. Inf. and Comp. Sci. 30, 485-489 (1990)

303. I. Ugi
"The Four Component Condensation, a versatile Principle in Synthesis"
Proc. Estonian Acad. Sci. Chem. 40, 1-13 (1991)

304. S. Lehnhoff, R.M. Karl, I. Ugi
"Die Abspaltung der 2,2,2-Trichlor-tert.-butyloxy-carbonyl-Schutzgruppe mittels Zinn(II)- tris[thiophenolat]"
Synthesis 4, 309-310 (1991)

305. I. Ugi, J. Bauer, K. Bley, A. Dengler, E. Fontain, M. Knauer, S. Lohberger
"Computer-assisted Synthesis Design, a Status Report"
J. Mol. Structure 230, 73-92 (1991)

306. P. Jacob, W. Richter, I. Ugi
"2-Oxo-1,3,2-benzothiazaphosphole and 2-Oxo-1,3,2-benzoxazaphosphole Derivatives, new and versatile Phosphorylating Reagents"
Liebigs Annalen der Chemie 519-522 (1991)

307. U. Verfürth, I. Ugi
"Asymetrische Synthese chiraler Phosphorverbindungen durch destruktiv-selektive Oxidation von P(III)-Verbindungen mittels chiraler Oxaziridine"
Chem. Ber. 124, 1627-1634 (1991)

308. A. Dengler, I. Ugi
"A Central Atom Based Algorithm and Computer Program for Substructure Search"
Computers & Chemistry 15, 103-107 (1991)

309. A. Dengler, I. Ugi
"The Computer Program CABASS for Central Atom Based Substructure Search"
J. Chem. Res. (S) 162; (M) 1279-1296, 1301-1392 (1991)

310. K. Bley, J. Brandt, A. Dengler, R. Frank, I. Ugi

"*Constitutional Formulas generated from Connectivity Information: the program MDRAW*"
J. Chem. Res. (S) 261; (M) 2601-2689 (1991)

311. I. Ugi
"*A Novel Dieckman Type Cyclization, the Final Step of the Synthesis of a Carbacephem Derivative*"
Synthesis 9, 743-744 (1991)

312. I. Ugi
"*Vernetzung wässriger Alginsäure mittels der Vierkomponenten-Kondensation unter Einschluß- Immobilisierung von Enzymen*"
Z. Naturforsch 46b, 1261-1265 (1991)

313. S. Lohberger, E. Fontain, I. Ugi, G. Müller, J. Lachmann
"*Malonamide Derivatives as By-products of Four Component Condensation. The Computer-assisted Investigation of a Reaction Mechanism*"
New Journal of Chemistry 15, 913-917 (1991)

314. G. Müller, J. Lachmann, S. Lohberger, E. Fontain, I. Ugi
"*Structure of an Aminomalonamide Derivative*"
Acta Crystallographica C 47, 2444-2446 (1991)

315. I. Ugi, S. Lohberger, R. Karl
"*The Passerini and Ugi Reactions*"
in: "Comprehensive Organic Synthesis: Selectivity for Synthetic Efficiency" Bd. 2, Kap. 4.6, Herausg.: B.M. Trost, C.H. Heathcock, Pergamon, Oxford 1083-1109 (1991)

316. M. Goebel, I. Ugi
"*O-Alkyl-1-aminoglucose-Derivate als chirale Amin-Komponenten von Peptidsynthesen mittels stereoselektiver Vierkomponenten-Kondensationen*"
Synthesis 12, 1095-1098 (1991), Ed. Engl. 12, 1095-1098 (1991)

317. I. Ugi, M. Goebel, N. Bachmeier, A. Demharter, C. Fleck, R. Gleixner, S. Lehnhoff
"*O-Alkyl b-Glucopyranosyl Amines as Chiral Templates for Peptide Syntheses by Stereoselective Four Component Condensations and Related Reactions*"
Proceedings, Deutsch-sowjetisches Peptidsymposium (1991)

318. I. Ugi, A. Dengler
"*The Algebraic and Graph theoretical Completion of truncated Reaction Equations*"
J. Math. Chem. 9, 1-10 (1992)

319. I. Ugi, J. Bauer, K. Bley, A. Dengler, A. Dietz, E. Fontain, B. Gruber, M. Knauer, K. Reitsam, N. Stein
"*Computergestütztes chemisches Rechnen, Denken und Erfinden*"
Labor 2000 (Sonderheft von LaborPraxis), 170-178 (1992)

320. I. Ugi
"*2-(4 - Toluenesulphonyl)- 3 - aryl - oxaziridines as oxidizing Reagents for P(III) Compounds*"
Z. Naturforsch. 47b, 887-890 (1992)

321. A. Dengler, E. Fontain, M. Knauer, N. Stein, I. Ugi
"*Competing Concepts in CAOS*"
Recueil 111, 262-269 (1992)

322. I. Ugi, H. Eckert
"*The Role of Isocyanides in the Synthesis of b-Lactam Antibiotics and related Compounds*"

Herausg.: A. ur Rahman. "Natural Product Chemistry" Bd. 12, Elsevier, Science Publ., 1000AE Amsterdam, The Netherlands. 113-143 (1992)

323. J. Bauer, E. Fontain, I. Ugi
"IGOR and RAIN_the first mathematically based General Purpose Computer Programs for the Solution of constitutional Problems in Chemistry and their Use as Generators of constitutional Formulas"
Informal Commun. Math. Chem. (MATCH) 27, 31-47 (1992)

324. I. Ugi, N. Stein, M. Knauer, B. Gruber, K. Bley, R. Weidinger
"New Elements in the Representation of the Logical Structure of Chemistry by Qualitative Mathematical Models and Corresponding Data Structures"
Top. Curr. Chem. 166, 199-233 (1993)

325. P. Lemmen, W. Richter, B. Werner, R. Karl, R. Stumpf, I. Ugi
"Five-membered cyclic phosphorylating Reagents and related Compounds"
Synthesis 1-0 (1993)

326. I. Ugi, J. Bauer, K. Bley, A. Dengler, A. Dietz, E. Fontain, B. Gruber, R. Herges, M. Knauer, K. Reitsam, N. Stein
"Computer unterstützte direkte Lösung chemischer Probleme - die Entstehungsgeschichte und gegenwärtiger Status einer neuen Disziplin der Chemie"
Angew. Chem. 105/2, 210-239 (1993); Angew. Chem. Int. Ed. Engl. 32, 201-227 (1993)

327. M. Strasser, I. Ugi
"The Direct Synthesis of c-AMP Derivatives and Selective 3',5'-Hydroxy Group Protection of Adenosine"
Acta Chem. Scand. 47, 125 - 130 (1993)

328. I. Ugi, N. Bachmeier, M. Klein, P. Lemmen, A. Micossi, W. Richter, M. Strasser, R. Stumpf, B. Werner
"Cyclic Phosphates Esters in Syntheses of Nucleotides, Phospholipids and related Compounds" Advances in Natural Product Chemistry, Harwood Acidemic Publishers, Edited by Atta-ur-Rahman, J. Research Institute, University of Karachi, Pakistan, ISBN 3-7186-5319-2, 91-120 (1993)

329. A. Demharter, I. Ugi
"The direct Synthesis of three enantiomerically pure Diastereoisomers of a 1-Ferrocenylalkylamine from l-(-)-Menthone and the up-down-Stereoisomerism of Ferrocene Derivatives"
J. Prakt. Chem. 335, 244-254 (1993)

330. A. Dömling, I. Ugi
"Die Sieben-Komponenten-Reaktion"
Angew. Chem. 105, 634-635 (1993); Angew. Chem. Int. Ed. Engl. 32, 563-564 (1993)

331. S. König, S. Lohberger, I. Ugi
"Synthese von N-tert-Alkylglyoxylsäureamiden"
Synthesis 12, 1233-1234 (1993)

332. A. Dömling, I. Ugi
"A New 5.6-Dihydro-2H-1.3-oxazine Synthesis via Asinger-type Condensation"
Tetrahedron, 49, 9495-9500 (1993)

333. W. Richter, R. Karl, M. Mayer, I. Ugi
"Trifluormethylphosphonamidite als Bausteine für die Oligonukleotidsynthese"
GDCh-Kurzreferate u. Teilnehmerverz. 483 (1993)

334. I. Ugi, B. Gruber, N. Stein

"The Models and formal Languages of Chemistry"
Proc. Estonian Acad. Sci. Chem. 43, 4, 121-136 (1994)

335. S. Hünsch, W. Richter, I. Ugi, J. Chattopadhyaya
"Synthesis and Phosphorylating Properties of 2-Chloro-2,3-dihydro-3-(methyl-sulfonyl)-1,3,2- benzoxazaphosphole 2-Oxide. Derivatives with Chloro Substituents on the Benzene Ring"
Liebigs Ann. Chem. 269-275 (1994)

336. I. Ugi, J. Bauer, C. Blomberger, J. Brandt, A. Dietz, E. Fontain, B. Gruber, A.v. Scholley-Pfab, A. Senff, N. Stein
"Models, Concepts, Theories, and Formal Languages in Chemistry and Their Use as a Basic for Computer Assistance in Chemistry"
J. Chem. Inf. and Comp. Sci. 34, 3-16 (1994)

337. I. Ugi
"Pentazole"
Houben-Weyl, Methoden der Organischen Chemie, Bd. E8d, Hetarene III/ Teil 4; Herausg.: E. Schaumann; Georg Thieme Verlag, Stuttgart 796-803 (1994)

338. I. Ugi
"Mutual Perspectives in Chemistry, Mathematics and computational Reasoning"
Estonian Chemical Society, 75, 36-45 (1994); Proceedings of the Estonian Academy of Sciences; Chemistry 44/4, 274-280, 280-287 (1995)

339. I. Ugi, A. Dömling, W. Hörl
"Multicomponent Reactions in Organic Chemistry"
Endeavour 18/3, 115-122 (1994)

340. I. Ugi, A. Dömling, W. Hörl
"Multikomponentenreaktionen"
GIT Fachzeitschrift für das Laboratorium, 38, 430-437 (1994)

341. S. König, R. Klösel, R. Karl, I. Ugi
"N-tert-Butylglyoxylsäureamid als neues Reagens zur Peptid-Segmentverknüpfung via Vierkomponeneten-Kondensation"
Zeitschrift für Naturforschung 49b, 1586-1995 (1994)

342. A. Dietz, B.Gruber, I.Ugi
"Algorithmische Behandlung stereochemischer Problemstellungen"
Match 31, 37-87 (1994)

343. I. Ugi, A. Dömling, B. Gruber, M. Heilingbrunner, C. Heiß, W. Hörl
"Formale Unterstützung bei Multikomponentenreaktionen - Automatisierung der Synthesechemie"
in: Software - Entwicklung in der Chemie. R.Moll (Hrsg.), Frankfurt: Gesellschaft Deutscher Chemiker 113-128 (1995)

344. M. Klein, I. Ugi
"Chloro-N,N-dialkylamino-2,2,2-trichloro-tert-butoxy-phosphines, New Reagents in the Syntheses of Oligonucleotides "
Zeitschrift für Naturforschung 50b, 948-952 (1995)

345. S. König, I. Ugi, J. Schramm
"Facile Syntheses of C2-Symmetrical HIV-1 Protease Inhibitors"
Arch. Pharm. 328, 699-704 (1995)

346. U. Nillroth, L. Vrang, G. Ahlsén, Y. Besidsky, J. Chattopadhyaya, I. Ugi, U.H. Danielson
"The use of 5'-phosphate derivatives of nucleoside analogues as inhibitors of HIV-

1 replication"
Antiviral Chemistry & Chemotherapy 6/1, 50-64 (1995)

347. A. Dömling, A. Bayler, I. Ugi
"2,5-Dihydro-4-hydroxymethyl-1,3-oxazoles by Asinger-Condensation"
Tetrahedron 51/3, 755-760 (1995)

348. S. Lehnhoff, I. Ugi
"Synthesis of 1,5-substituted Tetrazoles from secondary Thioamides"
Heterocycles 40/2, 801-808 (1995)

349. K. Kehagia, A. Dömling, I. Ugi
"The Formation of β-Lactam Derivatives and a C3-Symmetrical Heterocycle from 5, 6-Dihydro-2H-1, 3-oxazines"
Tetrahedron 51/1, 139-144 (1995)

350. K. Kehagia, A. Dömling, I. Ugi, W. Hiller, J. Riede
"New synthesis and structure Determination of 13-Aza-4,4,8,8,12,12-hexamethyl-2,6,10- trioxatricyclo[7,3,1 05,13]tridecane"
Zeitschrift für Naturforschung 50b, 667-670 (1995)

351. K. Kehagia, I. Ugi
"The Synthesis of 4-Acetoxy-azetidinones as Key Intermediates for β-Lactams"
Tetrahedron 51/35, 9523-9530 (1995)

352. N. Müller, A. Senff, S. Reichelt, I.Ugi
"Topological Specification of Ensembles of Molecules as a Basis of Stereochemical Regards"
Theochem 336, 209-225 (1995)

353. R.M. Karl, R. Klösel, S. König, S. Lehnhoff, I. Ugi
"1,1-Dianisyl-2,2,2-trichloroethyl Ethers - A New Protecting for the Hydroxyl Group"
Tetrahedron 51/13, 3759-3766 (1995)

354. N. Puri, S. Hünsch, C. Sund, I. Ugi, I. Chattopadhyaya
"The Synthesis and Reactivity of New 2-(N,N-Diisopropylamino)-3Methylsulfonyl-1,3,2- Benzoxazaphospholes. The Utility of the 5-Chloro analog in the One-Pot Synthesis of Oligothiophosphates: [ApsppA, ApsppA, ppp5'A2'ps5'A, m7GpsppA, Apspppp, Apspp]"
Tetrahedron 51/10, 2991-3014 (1995)

355. S. Lehnhoff, M. Goebel, R.M. Karl, R. Klösel, I. Ugi
"Stereoselektive Synthesen von Peptidderivaten mit 2-Acetamido-3,4,6-tri-O-acetyl-1-amino-2- desoxy-b-D-glucopyranose durch Vierkomponentenkondensation"
Angew. Chemie 107/10, 1208-1211 (1995), Angew. Chem. Int. Ed. Engl. 34/10, 1104-1107 (1995)

356. A. Dömling, M. Starnecker, I. Ugi
"b-Lactam-Nucleosid-Chimäre"
Angew. Chemie 107/20, 2465-2467 (1995), Angew. Chem. Int. Ed. Engl. 34, 2238-2239 (1995)

357. I. Ugi, A. Dömling, M. Goebel, B. Gruber, M. Heilingbrunner, C. Heiß, W. Hörl
"Multi Component Reactions (MCR) For The Generation Of Molecular Diversity"
Conf (Poster) "Cambridge Healthtech Institute" La Jolla (1995)

358. I. Ugi
"Fast and permanent Changes in Preparative and Pharmaceutical Chemistry through Multi Component Reactions and their 'Libraries'"
Proc. Estonian Acad. Sci. Chem. 44/4, 237-273 (1995)

359. I. Ugi, A. Dömling, M. Goebel, W. Hörl, K. Kehagia, S. Lehnhoff, M. Starnecker
"Flerkomponentsreaktioner ger nya läkemedel"
Kemisk Tidskrift 4, 50-53 (1995)

360. H. Eckert, A. Nestl, I. Ugi
"t-Butyl Isocyanide"
Encyclopedia of Reagents for Organic Synthesis, Ed. L.A. Paquette; John Wiley
2, 893 (1995)

361. H. Eckert, A. Nestl, I. Ugi
"Methyl Isocyanide"
Encyclopedia of Reagents for Organic Synthesis, Ed. L.A. Paquette; John Wiley
5, 3519 (1995)

362. H. Eckert, A. Nestl, I. Ugi
"Phenyl Isocyanide"
Encyclopedia of Reagents for Organic Synthesis, Ed. L.A. Paquette; John Wiley
6, 3991 (1995)

363. H. Eckert, A. Nestl, I. Ugi
"o-Tolyl Isocyanide"
Encyclopedia of Reagents for Organic Synthesis, Ed. L.A. Paquette; John Wiley
7, 4964 (1995)

364. M. Goebel, I. Ugi
"Beyond Peptide and Nucleic Acid Combinatorial Libraries-Applying Unions of Multi-component Reactions towards the Generation of Carbohydrate Combinatorial Librar-ies"
Tetrahedron Letters 36, 34, 6043-6046 (1995)

365. M. Weber, I. Ugi
"Common Pathways to 1,3,2-Thiazaphospholidin-4-ones"
Liebigs Ann.Chem. 1555-1559 (1995)

366. A. Dömling, K. Kehagia, I. Ugi
"Employment of a Steroidal Aldehyde in a New Synthesis of β-Lactam Derivatives"
Tetrahedron 51/35, 9519-9522 (1995)

367. M. Mayer, I. Ugi, W. Richter
"Studies on Trifluoromethylphosphonamidite Analogues as Building Blocks in Oligo-nucleotide Synthesis"
Tetrahedron Letters 36/12, 2047-2050 (1995)

368. A. Senff, S. Reichelt, N. Müller, I. Ugi
"Topology and Group Theory-Tools for Determinating the Stereochemistry of Mole-cules"
Conference (Poster) Math/CHEM/COMP Croatia (1995)

369. A. Demharter, W. Hörl, E. Herdtweck, I. Ugi
"Synthese chiraler 1.1'-Iminodicarbonsäure-Derivate aus a-Aminosäuren, Aldehyden, Isocyaniden und Alkoholen durch eine diastereoselektive Fünfzentren-Vierkomponen-ten-Reaktion"
Angew. Chemie 108/2, 185-187 (1996), Angew. Chem. Int. Ed. Engl. 35/2, 173-175 (1996)

370. R.M. Karl, W. Richter, R. Klösel, M. Mayer, I. Ugi
"The 1,1-Dianisyl-2,2,2-Trichloroethyl Moiety as a New Protective Group for the Syn-thesis of Dinucleoside Trifluoromethylphosphonates"
Nucleosides & Nucleotides 15, 379-386 (1996)

371. I. Ugi, M. Goebel, B. Gruber, M. Heilingbrunner, C. Heiß, W. Hörl, O. Kern, M. Starnecker, A. Dömling
"Molecular Libraries in Liquid Phase via Ugi-MCR"
Research on Chemical Intermediates 22, 625-644 (1996)

372. I. Ugi, A. Demharter, W. Hörl, T. Schmid
"Ugi Reactions with Trifunctional Amino Acids, Aldehydes, Isocyanides and Alcohols"
Tetrahedron 52/35, 11657-11664 (1996)

373. S. Reichelt, A. Reichelt, N. Müller, I. Ugi
"Topology and Group Theory-Tools for Determinating the Stereochemistry of Molecules"
Croatica Chemica Acta 69/3, 813-825 (1996)

374. M. Goebel, H.G. Nothofer, G. Roß, I. Ugi
"A Facile Synthesis of Per-O-alkylated Glycono-d-lactones from Per-O-alkylatedGlycopyranosides and a Novel Ring Contraction"
Tetrahedron 53/9, 3123-3134 (1997)

375. I. Ugi, M. Heilingbrunner, B. Gruber
"Heuristik, Genetischer Algorithmus und andere Zufälligkeiten in der Computerchemie"
Chimia 51-12, 39-44 (1997)

376. I.Ugi
"The Multicomponent Reactions and their Libraries - Perspectives of Progress in Organic Chemistry and its Application"
Acta Polytechnica Scandinavica, 244, 64-65 (1997); Proceedings of the Symposium on Crystallization and Precipitation (1997), Lappeenranta, Finland (1997)

377. I. Ugi, M. Heilingbrunner, B. Gruber
"Über die Computerchemie"
Nachr. aus Chemie, Techn. und Lab. 45/5, 507-509 (1997)

378. H. Bock, I. Ugi
"MCR II: Stereoselective Synthesis of 1(S)-Camphor-2-cis-methylidene-isocyanide and its Application in Passerini-and Ugi-Reaction"
Journal für Praktische Chemie 339, 385-389 (1997)

379. I. Ugi, A. Dömling, B. Gruber, M. Almstetter
"Multicomponent Reactions and Their Libraries - A New Approach to Preparative Organic Chemistry"
Croatica Chemica Acta 70/2, 631-647 (1997)

380. I. Ugi
"MCR I: Perspektiven von Multikomponentenreaktionen und ihren Bibliotheken"
Journal für Praktische Chemie 339, 499-516 (1997)

381. J. Chattopadhyaya, A. Dömling, K. Lorenz, W. Richter, I. Ugi, B. Werner
"MCR III. Multicomponent Reactions and their Libraries, a New Type of Organic Chemistry of the Isocyanides and Phosphorus Derivatives"
Nucleosides and Nucleotides 16/5-6, 843-848 (1997)

382. I. Ugi, T. Schmid
"MCR VIII: Aziridine-Derivateds via Ugi-Reactions"
Journal für Praktische Chemie 339, 652-655 (1997)

383. I. Ugi
"My first 65 Years"
in: Multikomponenten-Reaktionen, H. Eckert (Hrsg.), Ugi-Symposium (1995),

Techn. Universität, München (1997)
384. A. Dömling, W. Richter, I. Ugi
"Combinatorial Generation of Nucleobase Libraries by MCR"
Nucleosides & Nucleotides 16 (5-7), 1753-56 (1997)

385. I. Ugi, M. Almstetter, B. Gruber, A. Dömling
"MCR X. Important Aspects for Automating Preparative MCR-Chemistry"
Dechema-Tagung (1997), Springer Verlag, Berlin 184-189 (1998)

386. I. Ugi, M. Almstetter, B. Gruber, M. Heilingbrunner
"MCR XII. Efficient Development of New Drugs by Online-Optimization of Molecular Libraries"
Dechema-Tagung (1997), Springer Verlag, Berlin 190-194 (1998)

387. A. Dömling, E. Herdtweck, I. Ugi
"MCR V. The Seven Component Reaction"
Acta Chemica Scandinavica 52, 107-113 (1998)

388. I. Ugi, W. Hörl. T. Schmid, C. Hanusch-Kompa, E. Herdtweck
"MCR VI: Chiral 2,6-Piperazindiones via Ugi Reactions with a-Amino Acids, Carbonyl Compounds, Isocyanides and Alcohols"
Heterocycles 47/2, 965-975 (1998)

389. I. Ugi, M. Almstetter, H. Bock, A. Dömling, B. Ebert, B.Gruber, K. Kehagia-Drikos, C. Hanusch-Kompa, S. Heck, K. Lorenz, S. Papathoma, T. Schmid, B. Werner, A.v. Zychlinski
"MCR XIV. The History, Presence and Future of the Multicomponent Reactions - their Versatile Multidisciplinary Facets of Preparative and Theoretical Chemistry"
Workshop, Rzeszow University of Technology, Rzeszow / Technical University, Munich (1998)

390. Z. Hippe, I. Ugi (Eds.)
"MultiComponent Reactions & Combinatorial Chemistry - Proceedings of the German-Polish Workshop, Rzeszow, 28.-30. Sept. 1997"
University of Technology, Rzeszow / Technical University, Munich (1998)

391. C. Hanusch-Kompa, I. Ugi
"MCR XIII. Synthesis of g-Lactams as part of a Multi-Ring-System via Ugi-4-Centre-3-Component- Reaction"
Tetrahedron Letters 39, 2725-2728 (1998)

392. B.M. Ebert, I. Ugi
"MCR VII: Dibenso-1,5-diazocine-2,6-dione, 2-Iminoindoline-3-one and N-(Carbamoylmethyl)- aminobenzoic Acid Ester from Aminobenzoic Acid by Multicomponent Reactions"
Tetrahedron 54, 11887-11898 (1998)

393. I. Ugi
"MCR XXIII. The highly variable multidisciplinary Preparative and Theoretical Possibilities of the Ugi Multicomponent Reactions in the Past, Now and in the Future"
Proceedings of the Estonian Academy of Sciences 47/3, 107-127 (1998)

394. I. Ugi
"The Progress in the Development of Multicomponent Reaction (MCR) and their Libraries in the last Century, Now and in the Future"
National Science Seminar Complex, Astra Symposium 1-3 (1998)

395. I. Ugi
"MCR XXI: Ugi Multikomponentsed Reaktsioonid Eile, Täna Ja Homme, Nende

Preparatiivse Ja Teoreetilise Keemia Mitmekülgsed Multidistsiplinaarsed Võima-lused"
Techn. Univ., München, Estn. Akademie, Tallinn, 1998

396. I. Ugi, M. Almstetter, H. Bock, A. Dömling, B. Ebert, B. Gruber, C. Hanusch-Kompa, S. Heck, K. Kehagia-Drikos, K. Lorenz, S. Papathoma, R. Raditschnig, T. Schmid, B. Werner, A.v. Zychlinski
"MCR XVII: Three Types of MCR&rsquos and the Libraries - their Chemistry of Natural Events and the Preparative Chemistry"
Croatica Chemica Acta 71/3, 527-547 (1998)

397. I. Ugi, M. Almstetter, A. Dömling, B. Ebert, B. Gruber, W. Hörl, M. Starnecker, O. Kern
"Multicomponent Reactions improve the Libraries of Peptides and Small Organic Molecules"
24th European Peptide Symposium Proceedings Book, Edinburgh, in: Peptides (1996), Robert Ramage and Roger Epton135-138 (1998)

398. I. Ugi
"Wandel tut not"
in: Quo vadis Chemie - Gegenwart und Zukunft des Chemiestudiums in Deutschland zusammengestellt vom GDCh-Jungchemikerforum, Regionalgruppe Bielefeld, Gesell-schaft Deutscher Chemiker e.V., Frankfurt 58-59 (1998)

399. A.v. Zychlinski, I. Ugi
"MCR IX: A New and Easy Way for the Preparation of Piperazine-2-keto-3-carbox-amides"
Heterocycles 49, 29-32 (1998)

400. T. Lindhorst, H. Bock, I. Ugi
"A New Class of Convertible Isocyanides in the Ugi Four-Component Reaction"
Tetrahedron 55, 7411-7420 (1999)

401. I. Ugi, A. Dömling, B. Ebert
"Combinatorial Chemistry of Multicomponent Reactions"
in: Combinatorial Chemistry Herausg.: G. Jung, Wiley-VCH, Weinheim 125-165 (2000)

402. I. Ugi, A. Dömling, B. Werner
"The modern chemistry of the isocyanides, multicomponent reactions and their librar-ies"
Res. Adv. in Organic Chem. 1, 91-106 (2000)

403. I. Ugi, A. Dömling, B. Werner
"Since 1995 the New Chemistry of Multicomponent Reactions and Their Libraries, Including Their Heterocyclic Chemistry"
J. Heterocyclic Chem. 37, 647-658 (2000)

404. A. Dömling, I. Ugi
"Multicomponent Reactions with Isocyanides"
Angew. Chem. Int. Ed. 39, 3168-3210 (2000)

405. I. Ugi, A. Dömling
"Multi-component reactions (MCRs) of isocyanides and their chemical libraries"
in: "Combinatorial Chemistry" H. Fenniri (Hrsg.), a.d.R.: "Practical Approach"
Oxford University Press, Oxford 287-302 (2000)

406. I. Ugi, B.Werner, A. Dömling
"Multicomponent reactions of isocyanides and the formation of heterocycles "

Targets in Heterocyclic Systems 4, 1-23 (2000)

407. I. Ugi, A. Dömling, B. Werner
"The one-pot Syntheses of alpha-Aminoacid and Peptide Derivatives by MultiCompo-nent Reactions of Isocyanides"
in: Houben-Weyl Methods of Organic Chemistry "Synthesis of Peptides and Pep-tidomimetics" Herausg.: L. Moroder, Thieme, Stuttgart, New York 878-889 (2000)

408. I. Ugi, A. Dömling
"Formation of Heterocyclic Compounds by MultiComponent Reactions (MCRs)"
in: "Targets in Heterocyclic Systems"; Herausg.: O. A. Attanasi, D. Spinelli, Italian Society of Chemistry, Rom vol. 4, (2000)

409. I. Ugi, A. Dömling, O. Kern
"Liquid and solid phase syntheses by multi component reactions"
Innovation and Perspectives in Solid Phase Synthesis & Combinatorial Libraries: Pep-tides, Proteins and Nucleic Acids-Small Molecule Organic Chemistry Diversity, Col-lected Papers, International Symposium, 6th, York, United Kingdom, 1999 (2001), Meeting Date 189-194 (1999)

410. I. Ugi
"Recent progress in the chemistry of multicomponent reactions"
Pure and Applied Chemistry 73, 187-191 (2001)

411. B. Ebert, W. Hörl, I. Ugi
MCR XXIV: "Formation of 1,1'-Iminocarboxylic acid derivatives, 2,6-Diketo-pipera-zine- and Dibenzodiazocine-2,6-dione by Variations of Higher Multicomponent Reac-tions"
Chemosphere 43, 75-81 (2001) – dedicated to Prof. Madeleine Joullie

412. G. Ross, I. Ugi
"Stereoselective syntheses of α-amino acid and peptide derivatives by the U-4CR of 5-desoxy-5- thio-D-xylopyranosylamine"
Canadian Journal of Chemistry 79, 1934-1939 (2001)

413. D. Janezic, M. Hodoscek, I. Ugi
"The simultaneous α-addition of a cation and an anion onto an isocyanide"
Internet Electronic Journal of Molecular Design 1, 293-299 (2002)

414. G. Ross, E. Herdtweck, I. Ugi
"Stereoselective U-4CRs with 1-amino-5-desoxy-5-thio-2,3,4-O-isobutanoyl-β-D-xy-lopyranose-an effective and selectively removable chiral auxiliary"
Tetrahedron 58, 6127-6133 (2002)

415. J.M. Drabik, J. Achatz, I. Ugi
"Stereoselective one-pot synthesis of α-amino acid derivatives by four component reactions with 1- amino-carbohydrates and isocyanides"
Proceedings of the Estonian Academy of Sciences, Chemistry 51, 156-168 (2002)

416. A.O.L. Manguro, P. Lemmen, I. Ugi, W. Kraus
"Flavonol glycosides of Maesa lanceolata leaves"
Natural Product Sciences 8, 77-82 (2002)

417. A.O.L. Manguro, I. Ugi, R. Hermann, P. Lemmen
"Flavonol and drimane-type sesquiterpene glycosides of Warburgia stuhlmannii leaves"
Phytochemistry 63, 497-502 (2003)

418. I. Ugi, G. Ross, C. Burdack
"The chemical progress of multicomponent reactions"

Advanced Macromolecular and Supramolecular Materials and Processes 239-250 (2003)

419. A.O.L. Manguro, J.O. Midiwo, W. Kraus, I. Ugi
"Benzoquinone derivatives of Myrsine africana and Maesa lanceolata"
Phytochemistry 64, 855-862 (2003)

420. A.O.L. Manguro, I. Ugi, P. Lemmen, R. Hermann
"Flavonol glycosides of Warburgia ugandensis leaves"
Phytochemistry 64, 891-896 (2003)

421. A.O.L. Manguro, I. Ugi, P. Lemen
"Further flavonol glycosides of Embelia schimperi leaves"
Bulletin of the Chemical Society of Ethiopia 18, 51-57 (2004)

422. A.O.L. Manguro, I. Ugi, P. Lemmen
"Flavonol glycosides from the leaves of Embelia keniensis"
J. Chin. Chem. Soc. 52, 201-208 (2005)

KOLOFON

Tekst książki został przygotowany przez autorów dochowując wymagań światowego wydawcy dzieł naukowych

Stosowano edytor tekstów **MS Word 97-2003** (MS Corporation). Podstawowy typ czcionki to Times New Roman (11 pkt.), tytuły rozdziałów tą samą czcionką, 20 pkt.

Kompleksową redakcję monografii przeprowadziła **dr inż. Teresa Mroczek**, uzupełniając ją indeksami autorów, treści i podstawowych pojęć z zakresu sztucznej inteligencji oraz planowania syntez chemicznych.

Wszystkie zrzuty ekranów z wynikami transformacji chemicznych są oryginalnymi obrazami, generowanymi przy pomocy systemu informatycznego **CSB**.

Informacji na temat sytemu **CSB** może udzielić **dr. inż. Grzegorz Fic**, pracownik Politechniki Rzeszowskiej im. I. Łukasiewicza, pod adresem mailowym:

gfic@prz.edu.pl,
lub
telefonicznie: **17/865 1838**

INDEKS

Prof. dr hab. inż. Zdzisław Hippe - specjalizuje się w informatyce chemicznej, inteligentnych systemach informacyjnych, systemach ekspertowych, sztucznej inteligencji oraz w uczeniu maszynowym. Laureat nagrody państwowej w dziedzinie nauki i techniki, ośmiu nagród Ministra Nauki i Szkolnictwa Wyższego, nagrody sekretarza Wydziału III PAN oraz nagrody naukowej Miasta Rzeszowa. Opracowane pod jego kierunkiem systemy informatyczne zostały udostępnione (łącznie ponad **50** wdrożeń) w różnych instytucjach w kraju i za granicą, m.in. w Finlandii, Holandii, Niemczech, Rosji, Szwecji, Ukrainie i USA.

Studiował na Politechnice Łódzkiej (**inż.**) i Politechnice Gdańskiej (**mgr**). Stopień doktora nauk technicznych uzyskał w Politechnice Śląskiej (**1965**); habilitację obronił w Politechnice Łódzkiej (**1968**); tytuł naukowy profesora otrzymał w **1989** r. Przebywał na zagranicznych stażach naukowych lub zawodowych w: Belgii (GATES Europe, Erembodege); Bułgarii (Stocznia G. Dimitrow, Warna); Republice Czeskiej (Instytut Barev a Lakov, Praha); Francji (Université VII, Paris); Rosji (Karpov Institute of Radiochemistry, Moskwa). Był stypendystą UNIDO w Anglii (Paint Research Station, Teddington, Middlesex); UNTAO w Republice Federalnej Niemiec (Farbenfabriken Bayer, Leverkusen); oraz DAAD w **Technische Universität, Műnchen** (**TUM** – wielokrotnie, jest alumnem Uniwersytetu Technicznego w Monachium). Zajmował stanowisko profesora wizytującego na uczelniach zagranicznych, m. in. w: Auburn University (Dept. of Computer Science and Engineering, Alabama, USA, **1985-1987**); Lund University (Molecular Graphics Lab., Lund, **1984**); Royal Institute of Technology (Department of Polymer Technology, Stockholm, **1984**); Technische Universität, Dresden (corocznie dwa tygodnie w okresie **1977-2000**; Umeå University (Chemometrics Group, Umeå, **1984**); Katholieke Universiteit Nijmegen, CAOS/CAMM Center, Nijmegen, **1993**); Royal Academy of Medicine (Odontologiska Klinikerna, Huddinge-Stockholm, **1997**). Współpracuje stale z Kansas University (Lawrence, Kansas, USA, **2000- do obecnie**).

Autor/współautor ponad **420** publikacji naukowych, autor/redaktor/tłumacz **19** (w sumie) podręczników i monografii. Wypromował **24** doktorów z informatyki (w tym **9** z wyróżnieniem); mentor 4-ch przewodów habilitacyjnych (T. Ampel, B. Dębska, R. Licbarska[†], J. Ostrowska). Członek międzynarodowych zespołów doradczych i zespołów redakcyjnych. Kierownik *Katedry Systemów Ekspertowych i Sztucznej Inteligencji* w Wyższej Szkole Informatyki i Zarządzania w Rzeszowie.

Prof. dr hab. inż. Jerzy W. Grzymała-Busse pracuje w University of Kansas, Lawrence, Kansas, USA, jest także profesorem w **W**yższej **S**zkole **I**nformatyki i **Z**arządzania (**WSIiZ**) w Rzeszowie. Studiował na Politechnice Poznańskiej (mgr inż., elektryk i doktorat) i Uniwersytecie Wrocławskim (mgr matematyki). Habilitację uzyskał na Politechnice Warszawskiej. Prowadzi badania w dziedzinie drążenia danych, odkrywania wiedzy w bazach danych, uczenia maszynowego, systemów ekspertowych i teorii zbiorów przybliżonych. Jest współautorem 11 monografii. Opublikował ponad 300 artykułów ze swojej specjalności, głównie z drążenia danych. Członek zespołów redakcyjnych *Fundamenta Informaticae* (IOS Press, Holandia), *Foundations of Computing and Decision Sciences* (Politechnika Poznańska), *International Journal of Knowledge-Based Intelligent Engineering Systems* (IOS Press, Holandia) i *International Journal of Hybrid Intelligent Systems* (*Advanced Knowledge International*, Australia). Był przewodniczącym sesji, członkiem komitetów doradczych i programowych w wielu międzynarodowych oraz narodowych naukowych i technicznych konferencjach. Jest członkiem *Association for Computing Machinery, American Association for Artificial Intelligence, International Rough Set Society* (przewodniczący *Advisory Committee*) oraz stowarzyszenia *Upsilon Pi Epsilon*.

Znany na świecie system drążenia danych o nazwie **LERS** (**L**earning from **E**xamples using **R**ough Sets), został opracowany w University of Kansas pod Jego kierownictwem. Pierwsza implementacja **LERS**'u była wykonana w *Franz Lisp* w 1988r. Aktualna wersja systemu **LERS**, zaimplementowana w **C**, jest zbiorem układów do drążenia danych. **LERS** wykazał swoje praktyczne zastosowania w **NASA Johnson Space Center** (Automation and Robotics Division), jako narzędzie do projektowania systemów ekspertowych dla *Space Station Freedom*. **LERS** był również używany do podwyższenia stopnia przestrzegania przez zakłady przemysłowe ustawy *Right to Know* (projekt był opłacany przez U.S. Environmental Protection Agency). System **LERS** był również wykorzystany w innych zastosowaniach, na przykład w medycynie do diagnozy przedwczesnych porodów (projekt realizowano na podstawie grantu National Institutes of Health, USA). Istniejące metody wykrywania przedwczesnych porodów posiadają zdolność przewidywania pozytywnych przypadków w **17–38%**. Natomiast metody drążenia danych oparte na LERS'ie osiągnęły zdolność przewidywania pozytywnych przypadków w granicach **59–92%**. Inne zastosowania **LERS**'u w naukach medycznych to diagnoza czerniaka, przewidywanie zachowania pacjentów mentalnie opóźnionych oraz analiza modeli prognozowania nienormalnych zachowań. **LERS** może analizować bardzo duże zbiory danych; często wykazywał się lepszym działaniem nie tylko niż inne systemy generujące zbiory reguł składniowych, ale również przewyższał jakością klasyfikacji ludzi – ekspertów dziedzinowych.

Dr inż. Teresa Mroczek jest absolwentką Wydziału Elektrycznego Politechniki Rzeszowskiej - kierunku informatyka. Ukończyła studia z zakresu systemy i sieci komputerowe. Stopień doktora nauk technicznych w dyscyplinie informatyka uzyskała we wrześniu 2009 roku na Wydziale Informatyki i Zarządzania Politechniki Wrocławskiej na podstawie przedstawionej rozprawy doktorskiej pt.: *„Rozwój modelu bayesowskich sieci przekonań w objaśnianiu właściwości obiektów"*. Obecnie pracuje na Wydziale Informatyki Stosowanej Wyższej Szkoły Informatyki i Zarządzania w Rzeszowie (**WSIiZ**), w *Katedrze Systemów Ekspertowych i Sztucznej Inteligencji* jako adiunkt, członek zespołu ds. jakości na kierunku Informatyka i ekonometria; opiekun grup wykładowych oraz pełnomocnik dziekana ds. nauki. W czasie asystentury pełniła także funkcję Sekretarza Katedry Systemów Rozproszonych, a później z-cy Kierownika wymienionej Katedry oraz koordynatora programu Pitagoras.

Prowadzi badania w dziedzinie drążenia danych, odkrywania wiedzy w bazach danych, inteligentnej analizie eksploracyjnej danych, uczenia maszynowego, systemów ekspertowych. Jej dorobek naukowy obejmuje ponad **50** oryginalnych prac naukowych, w tym: artykuły w czasopismach, monografiach, materiałach konferencyjnych o zasięgu krajowym i międzynarodowym; recenzje naukowe prac opublikowanych na konferencjach międzynarodowych oraz redakcje naukowe **5** monografii. Twórca zaawansowanego oprogramowania do analizy danych metodami nadzorowanego uczenia maszynowego.

Została **4**-krotnie wyróżniona Nagrodą Rektora i Kanclerza Wyższej Szkoły Informatyki i Zarządzania w Rzeszowie za dorobek naukowy, wysoki poziom doktoratu oraz pracę organizacyjną. Współorganizatorka/organizatorka licznych przedsięwzięć o charakterze naukowym, edukacyjnym oraz społecznym m. in. konferencji o zasięgu międzynarodowym (HSI'2008, HSI'2010, HSI'2013), XII i XIII Olimpiady Informatycznej, szkoleń informatycznych.

www.ingramcontent.com/pod-product-compliance
Lightning Source LLC
Chambersburg PA
CBHW080412060326
40689CB00019B/4216